责任编辑：黄海清　童祎薇
责任校对：李俊英
责任印制：张也男

图书在版编目（CIP）数据

数字货币：概念与选择：周小川的论述与问答/曹莉，吕远编. —北京：中国金融出版社，2022. 8
ISBN 978 - 7 - 5220 - 1638 - 2

Ⅰ. ①数…　Ⅱ. ①曹…②吕…　Ⅲ. ①电子商务—电子支付—支付方式—研究　Ⅳ. ①F713. 361. 3

中国版本图书馆 CIP 数据核字（2022）第 091092 号

数字货币：概念与选择——周小川的论述与问答
SHUZI HUOBI：GAINIAN YU XUANZE：ZHOU XIAOCHUAN DE LUNSHU YU WENDA

出版发行　中国金融出版社
社址　北京市丰台区益泽路 2 号
市场开发部　（010）66024766，63805472，63439533（传真）
网上书店　www. cfph. cn
（010）66024766，63372837（传真）
读者服务部　（010）66070833，62568380
邮编　100071
经销　新华书店
印刷　河北松源印刷有限公司
尺寸　155 毫米×230 毫米
印张　12
字数　135 千
版次　2022 年 8 月第 1 版
印次　2022 年 8 月第 1 次印刷
定价　52. 00 元
ISBN 978 - 7 - 5220 - 1638 - 2

前　言

近十年来，以信息科技与互联网为主的数字技术飞速发展并且不断迭代升级，加速推进了货币数字化进程。中央银行数字货币研发和私人加密货币监管已列入许多国家货币和金融监管当局的重大政策议程。2022 年 5 月，国际清算银行《2021 年全球中央银行央行数字货币调查》报告①显示，在 81 家参加调查的中央银行中，90% 的央行正在参与某种形式的央行数字货币（CBDC）的工作，26% 的央行正在进行 CBDC 的开发或试点，如巴哈马、尼日利亚发行了沙元和 eNaira，东加勒比地区与中国分别开展了 DCash 和 e-CNY 的试点。与此同时，随着私人部门加密货币和稳定币市场的急剧扩张与剧烈波动，央行和相关市场监管部门加大了监管力度，避免给金融体系带来破坏与冲击，影响全球金融稳定。

然而，中央银行和监管当局对于数字货币的认知多经历了观望、聚焦再加速提升的过程。各国根据自身经济需要和市场演进进行评估判断，对数字货币的立场与看法存在较大差别，

① *Gaining Momentum-Results of the* 2021 *BIS Survey on Central Bank Digital Currencies*, BIS Papers, No. 125, May 06, 2022.

监管也宽严不一。但是，2018 年至 2021 年二十国集团领导人峰会的宣言已清晰地呈现，对全球具有重大影响力的经济体在数字货币议题上的共识越来越深入：起初是从反洗钱和反恐怖融资角度关注虚拟资产（crypto-assets）对金融体系的影响，进而重视数字货币对全球金融稳定的潜在影响，在天秤币（Libra）计划推出后强调“全球稳定币”必须满足法律与监管要求，并要求研究数字货币对宏观经济的影响，再到重视央行数字货币及研究其对促进跨境支付以及对国际货币体系的影响。当前，数字货币业已成为国际货币基金组织、国际清算银行、金融稳定理事会等国际组织最前沿的工作之一。

毫无疑问，中国人民银行是全球最早重视数字支付发展和研究数字货币角色的中央银行之一，是开展数字货币/电子支付体系（DC/EP）研发和试点项目以及采取行动防范加密货币风险的先行者。早在 2014 年，人民银行即成立了数字货币项目组，开始研究政策和技术选项，在此基础上于 2016 年正式组建人民银行数字货币研究所，启动了 DC/EP 研发项目。2017 年，基于防止方向走偏和过度投机，在之前禁止金融机构和支付机构提供与比特币相关的金融服务的基础上，人民银行会同有关部门叫停了代币发行融资（ICO）及比特币的国内交易。从 2019 年起，数字人民币系统开始从封闭测试逐步走向实景试点，由 4 个城市扩展到 10 个城市再到 20 多个城市和地区；2022 年 2 月，为冬奥会 40 余万个支付场景提供了顺畅的支付服务。2021 年 3 月，中国人民银行数字货币研究所作为重要参与方的多边央行数字货币桥研究项目（m-CBDC Bridge）正式启动。

中国数字支付的快速发展、进阶和当前处于全球领先地位，得益于中国经济持续发展、市场不断壮大和宏观政策保持稳健，有赖于数字技术的快速发展、数字基础设施的不断完善和金融科技的加快运用。而这一过程中，中国人民银行对数字时代货币数字化趋势的深入研判和准确把握，在中国支付体系现代化和数字货币/电子支付体系设计与构建上的积极进取至为关键。中国人民银行原行长周小川，是中国 DC/EP 项目及数字人民币体系设计、构建与开发的领路人，也是世界上对数字货币问题有着最深邃思考的中央银行家和学者之一。

从 2016 年回答“数字人民币还有多远?”的提问开始，周小川在多个场合就数字货币问题向媒体作出解答。2018 年以来，作为博鳌亚洲论坛副理事长和中国金融学会会长的周小川在国际国内多个论坛、学术研讨会以及专访中，全方位、系统地阐述了数字货币的概念与演进，与现代金融体系、金融基础设施的关系，对实体经济、货币政策、国际货币体系的影响，央行推出数字货币的初心、政策和技术选项以及国际合作等问题。他对数字货币问题的论述深入浅出、掷地有声：

> “IT 在金融业的应用要注重需求导向，即以金融服务为导向，产生对产品和科技的需求”，“民营机构和 FinTech 公司参与公共基础设施应具备公共利益和公共精神”；
>
> “中国最早在实践探索中明确提出了坚持双层体系，这是在数年的研发、与市场碰撞中磨合而来的。这当中一个很重要的考虑因素就是数字货币不应该导致金融脱

媒”，“中国发展 DC 的重要考虑之一是强调零售支付系统的现代化”，“DC/EP 项目计划可能包含着若干种可以尝试并推广的支付产品，这些产品最后起的名字是 e-CNY”；

“如果要搞跨境交易，以零售支付为基础，还是要尊重各国的政策和法律规定，尊重各个国家货币主权、自身汇率制度和有关兑换和汇款规定”，“希望 IMF 可以在扩大 SDR 使用范围方面展开更多的工作，以应对私人数字货币、加密货币带来的挑战”……

以上无不体现出周小川对数字货币问题系统、前瞻性的理论思考，丰富的实践经验和对现实世界最新变化的深刻观察。全球政策制定者、业界、学界持续关注着他在数字货币问题上的思想与洞见。

本书以专题和问答形式，分货币概念与目的、数字货币与支付系统的技术选择、数字货币的政策选择、数字人民币的研发与试点以及数字货币的跨境使用与国际合作五大部分，归纳整理了周小川近四年来在公开会议上的讲话及有关谈话中关于数字货币的讲解与论述，以飨读者。盼望能以此促进国内外对数字支付与数字货币发展进程、政策与技术选项以及未来图景更深入、广泛的讨论与思考。

本书编者

2022 年 6 月

目　录

第一部分　数字货币概念与目的

第二部分　数字货币与支付系统的技术选择

第三部分　数字货币的政策选择

第一部分

数字货币概念与目的

1. 数字货币涉及哪些概念、术语？该如何区分？[①]

其实数字货币（Digital Currency，DC）这个新提法就值得推敲。事实上，现在的货币绝大多数都已经是数字形式的。目前的流行说法——数字形式的货币只适用于基于区块链技术的加密数字货币；如果不是基于区块链的加密数字货币，就不称为数字货币——就值得讨论。

2019 年，国际清算银行（Bank for International Settlements，BIS）发表了一篇关于央行数字货币的文章，首先讨论的就是术语问题。术语并非简单的技术问题，从中可以发现研判技术发展的路线和选择。数字货币可分类为：

——基于通证（Token-based）和基于账户（Account-based）。加密数字货币可以基于通证，也可以基于账户。从中国的发展来看，从过去的信用卡到现在以手机为基础、以二维码为特征的应用，都是基于账户的做法。

——零售（Retail）和批发（Wholesale）。之所以在这方面有区别，是鉴于当前中央银行和商业银行、第三方支付体系的分工

① 杨燕青，周徐．金融基础设施、科技创新与政策响应——周小川有关讲座汇编［M］．北京：中国金融出版社，2019.

局面，同时也涉及对系统安全性、稳定性、可靠性的考虑。此外还有局部的零售，例如大学校园卡就是局部零售型的。如果是批发，就有可能涉及中央银行的功能。

——央行的数字货币（Central Bank Digital Currency，CBDC）和私营部门的数字货币。这里的私营部门概念比中国的概念更广，如果是商业银行发行，不管银行所有制如何，只要属于非央行类，就被划分为私人部门的数字货币。当然，数字货币也可以通过公共部门和私营部门合营（PPP）来做。

除了 BIS 术语分类之外，还需要考虑其他一些特性。

——数字货币的支付是借记型的还是贷记型的。我们现在看到的中国第三方支付的主流还都是借记型的，但是也出现了一些 P2P 公司提供贷记型的支付。

——币值是锚定的还是非锚定的。现在看来大家还是比较注意价值有锚定的稳定型数字货币。

——数字货币是否加密，在哪个环节加密。理论上，有人会说某种货币是绝对安全的，但是现在看来做不到绝对安全，市场都是“道高一尺，魔高一丈”，都有可能受攻击。其实仔细观察电子支付和数字货币，几乎都使用加密技术，但是加密的环节不一样：有的加密在谁拥有这个货币，有的加密在支付环节，有的加密在通证传递环节。总之，不可能都不加密，否则很容易受到攻击。

——在哪个层次上允许数据留存。数据留存涉及如果出现纠纷怎么执法的问题，但更多是涉及隐私是否能得到很好的保护。

经过对数字货币的深入研究与探讨，数年前人民银行形成了一个初步共识：现行的纸币（M0）或迟或早会逐渐淡出。纸币不会没有，但是纸币的应用范围和数量会越来越小，甚至可能慢慢趋近于零。纸币下一阶段的替代品是数字货币或电子凭证。

此外，人民银行提出，事先不易确知谁家最好，大国央行也可以有自己的系统，但是不着急进入零售支付环节，也不要认为自己就能够比别人做得更好。也就是说，央行可以搞一种数字货币（CBDC），最好不去“脱媒”并妨碍商业银行之间的竞争，社会上的互联网公司和移动电信公司也可以开发支付渠道、支付工具、支付软硬件体系等。

央行如果搞数字货币，一是可以起批发作用，二是起应急替代作用。也就是说，万一某一商业机构的支付工具搞砸了、出问题了，让竞争对手去接管也可以，但是如果消费者信心有什么问题，最好央行的数字货币在应急的情况下可以起到替代作用。替代角色的效率可能会低一些，因为它主要是为批发型工具设计的，但是至少不会出现交易方面的塌方，不会造成社会紊乱和零售市场紊乱。

BIS 支付与市场基础设施委员会（the Committee on Payments and Market Infrastructures，CPMI）和国际货币基金组织（International Monetary Fund，IMF）都对人民银行提出的意见感兴趣，大家都拭目以待。人民银行是首家正式发出欢迎数字货币声音的央行，也是首家成立数字货币研究所的央行，因此她的声音很受重视。

当然争论也很多，大家各有各的观点。在作了概念区分之后，中国做了两件事情：一是 2017 年 8 月底正式明确了在中国境内不搞首次代币发行（Initial Coin Offering，ICO）；二是 2017 年 9 月底正式取缔了比特币和人民币的直接交易。此外，国际上也注意到，我们最早明确，金融机构和各家银行不接受比特币作为支付工具，也就不提供比特币兑换。这都是国际上非常引人注目的事情。

2. 是否应该强调DC为实体经济服务？[①]

数字货币的很多功能跟传统货币的功能自然是有联系的，传统货币主要有支付、计价和贮藏三大功能。不同的数字货币在开发方面有多种努力。其实支付功能是基础性的，可以想象一下，如果没有支付功能，就没多少人会拿你的货币去定价了。它有贮藏功能，但是你贮藏以后，如果取出来的时候，不能够顺利地用于支付，贮藏的功能也是大打折扣的。不过这个问题在不同人眼里和不同国家眼里是不一样的。

习近平总书记讲的数字经济跟实体经济的关系非常透彻，中国历来是强调金融为实体经济服务。我在别的场合也说过，其实有不少发达国家对于金融服务于实体经济是有不同看法的，也有很多地方是不这么提的。中国的这种做法，我觉得将来会通过实践表现出它的正确性和优越性。支付也是这样，虽然说任何交易都需要用货币进行支付，但是着重于为实体经济提供支付服务，降低成本、增加便利性、增加可靠性，这是最值得下大力气努力的方向。大家可以看到，国际上各个国家的选择实际上也不太

---

① 杨燕青，周徐．金融基础设施、科技创新与政策响应——周小川有关讲座汇编［M］．北京：中国金融出版社，2019；周小川2021年10月22日在金融街论坛年会“愿景2022——洞悉全球经济发展趋势”专场活动上的讲话：“关于数字货币发展路径的几点想法”。

一样。

那么，私人部门的数字货币是否服务于实体经济？这种货币是否有利于消费者，有利于中小企业，有利于普惠金融？如果取比特币的例子，答案可能是否定的。也许这种货币有潜能提高金融部门的生产率和效率，但目前尚未看到更为正面的影响。

2017 年 5 月，永恒之蓝的 WannaCry 勒索软件要求以比特币支付赎金。从那时起，公安部门开始抱怨与比特币相关的贩毒、人口贩卖和武器走私等非法交易。最初，我们定义私人部门发行的数字货币只是一种商品，不限于金融部门，不应由中央银行负责对其监管。但随着问题日益严峻，政府、政治家和公众舆论都强烈要求作为金融监管部门的中央银行采取政策应对。为此，中国在 2017 年 8 月底出台规定，首先叫停首次代币发行（ICO）。ICO 的危害在于其涉嫌舆论操纵和内部交易，这会导致金融诈骗和庞氏骗局等投机行为。此后，在 9 月底，针对比特币和其他加密货币与人民币的交易平台，人民银行也采取了类似政策。

几年前，人民银行就声明不承认比特币等加密货币是一种支付工具，也不为相关交易提供清算服务。但既然公众和有关部门要求央行对此发声，人民银行就对与人民币相关的比特币交易作了表态，但不会干涉在别国交易平台用其货币对比特币进行交易，同时也不鼓励脱离监管的私人部门加密货币进一步推广应用到支付系统中。原因在于，从目前来看，私人虚拟货币对实体经济、企业、消费者、生产力及其效率并无帮助，而投机者和个别 IT 专家对它有投机性兴趣。

中国作为一个庞大的经济体，愿意通过“监管沙箱”对金融科技新技术进行试验，但在设定这些沙箱的边界范围时会面临一定困难。因此，我们认为小国或小型经济体更适合进行货币的“监管沙箱”试验。如果它们试验成功，我们愿意向它们学习经验。但中国作为大国，是负担不起这种试验风险和金融稳定成本的。

3. 互联网与移动终端如何改变人们的出行与支付需求？[①]

从中国角度看，支付体系现代化的需求到底是什么？需求中的一个突出特点是，手机或者移动互联网的出现，改变了人们的生活习惯。就中国人来讲，过去出行要带很多东西，有些人还想出了“身手钥钱”的提示口诀，就是说出门要注意，一要带身份证，二要带手机，三要带家门钥匙，此外还要带钱。在手机作为移动互联网终端出现以后，大家就开始说未来出门带手机就行，身份证在手机里面，健康卡也在手机里面，可能车钥匙、门钥匙也会在手机里面，甚至手机还有其他很多功能，比如看看新闻、娱乐，有空时还可以做其他数据处理。所以，人们一定会希望手机能包含要随身携带的现金、信用卡，并希望将所有这些都能整合在一起。我觉得这是个很大的需求动机（随着科技进一步发展，以后也许还会出现更新、更方便的技术）。当然这种需求在不同国家，由于基础不一样，可能强烈程度也不一样。对于西方国家来说，虽然现金、信用卡、借记卡以及其他支付工具发展得很不错，但出门带好几样东西，不如使用以手机作为移动互联网

---

① 周小川2020年9月23日在2020中金数字经济论坛上的讲话：“数字货币概念体系的形成与推进”；周小川2020年11月27日在北京大学“数字金融创新及其启示：中国及国际经验”研讨会上的发言：“数字时代的中国支付体系现代化：DC/EP与e-CNY”。

终端为基础的新模式。

消费者支付有了新的办法以后，零售商店怎么办？它们能够接受这种支付方法吗？其实在移动支付之前，已有大量商铺都可以依靠互联网收单，在此基础上可以进一步发展互联网支付功能，同时商铺还可以选择不同的办法，比如可以选近场通信技术（NFC）支付，也可以选用二维码，甚至可以采用手机碰手机的方式。最近，看到数字货币/电子支付（DC/EP）① 介绍说可以利用 NFC 实现手机碰一碰进行支付，是一种点对点（P2P）支付。现在 P2P 这个名字容易被大家混淆，认为 P2P 就是网贷平台，其实 P2P 指的是 peer to peer（点对点），支付有时候也希望实现 peer to peer 交付。在这里我想说一下，实际上随着网络基础设施的完善，多数地方都会有互联网特别是无线网支撑，没有网络的时间或地区出现的概率应该是非常小的，但万一碰到了网络故障或没有网络的地方，我们可以采用一些什么样的方法呢？NFC 基础上的 P2P 离线支付方式就是一种选择，当然它基本上是后备性的，就是万一没网时还有后备办法支付。

当然，还要高度强调保护个人隐私，防止电信和支付欺诈。在中国，电信诈骗备受关注，通过手机以及其他电信、网络方式的诈骗，发生的比例确实比较高，各方面对此都非常不满意。

---

① 详见本书第三部分第 26 题“DC 与电子支付（EP）是什么样的关系？币值能否保证稳定？”的相关解释。

4. 为何 DC 要强调应以金融服务的需求为主要导向？[①]

IT 科技在金融业的应用要注重需求导向，即以金融服务为导向，产生对产品和科技的需求。同时，也要考虑供给侧是否会带来颠覆性变革。DC 的驱动力主要来源于需求方，也就是消费群体希望通过不断提升支付系统，特别是零售支付系统的效率来降低成本、提升便利性，获得更好的服务。当然，技术的不断进步也提供了这种可能性。但技术更新以后也存在技术创新方竭力推销自己技术的情况，他们可能会说我这个技术可能对你非常有用等，但对顶层来说，还是要以需求为主。

一、供给侧和需求侧存在差异

——从需求侧来看，对科技选择的核心关切是效率、成本和安全可靠。需求方由此考虑其支付、各种金融交易、存贷款、理财等金融服务需要怎样的金融科技（FinTech）。以支付行业为例，

① 杨燕青，周徐．金融基础设施、科技创新与政策响应——周小川有关讲座汇编［M］．北京：中国金融出版社，2019；周小川 2020 年 11 月 27 日在北京大学“数字金融创新及其启示：中国及国际经验”研讨会上的发言：“数字时代的中国支付体系现代化：DC/EP 与 e-CNY”。

支付是对国民经济具有支撑性作用的行业，支付系统需要现代化、便利化、低成本且可靠。过去支付是一件较昂贵的事情，有钱包和现钞的成本，有纸币造假、回收、旧币等问题，印钞、分发、仓储、运输等都有成本。使用 M1 支付也有成本。最早支票处理没有电子系统支持，要靠邮局传递并手工处理。过去人民银行有核算工厂，所有邮寄的支付单据都集中到核算工厂进行手工处理，经当时的清算系统清算后，各家银行、商铺才能拿到钱，周期很长。后来有了电子通信、内联网，一直到现在有了计算机网络支持的清算系统。目前国际信用卡的刷卡成本是 2%，借记卡成本在 1% 以下。此外还需要安全性、可靠性，既包括个人隐私保护，也包括交易的可靠性，这方面如果出问题，对国民经济和整个社会的冲击都可能很大。

——从供给侧来看，科技人员不断地有新发明和新创造，科技或互联网类公司作为供给方往往需要推销某一技术、某一产品，会尽力宣传，希望客户去买，以供给创造需求。过去供给侧推销力度不算太大，但在互联网时代，随着科技巨头（BigTech）的出现，情况大不相同，特别是区块链等的出现，供应方往往会宣称这是颠覆性创新、革命性变化，有时也有鼓吹的成分。同时，对于技术发展也要看到，有一部分是台阶式发展，还有一部分可能是飞跃式发展或颠覆性发展，对此需要作出判断。

——供求两方能否碰在一起，需要看双方的判断。由于供给侧和需求侧有时看法不同，就涉及探索和协调，过程中有可能会出现扭曲或风险。主要有三个方面：一是把新产品、新技术当成投机赚钱的主要工具，很早就把它推到市场上买卖，且认为通过市场交易会收获大量金钱。二是一些技术应用没有发挥潜在的金融服务能力，而是将注意力集中在“圈钱”上，过度考虑能否模仿银行吸收公众储蓄。例如部分支付牌照领取者实际上对于支付科技、提高效率和降低成本不是太感兴趣，真正感兴趣的是能收预付款。之前P2P网贷平台搞资金池也出了不少类似的问题，这也是一种扭曲。三是IT和互联网行业会出现“赢者通吃”的现象，而公平、真实的竞争才有利于实现寻优，使最好的技术能够凸显出来，让大家最终加以使用。

二、金融业要坚持需求导向

——金融业要对自己的技术需求保持清醒头脑，不轻易被供给方的推销宣传所左右。金融业优先关注有哪些创新，选择要有目的性。在炒作成风的当今，IT科技在金融业的应用要以需求为导向。所谓需求导向，就是以金融服务为导向，金融服务对产品和科技的需求仍是最主要的方面。同时要考虑供给侧冲击，即供给侧提供的新技术是否可能推翻原来的业务模式，带来和传统非常不一样的做法，考虑供给侧是否会带来颠覆性变革。面对IT新产品的大力度推销，尽管供给方对新发明和新产品加大推销、希望付诸应用的愿望可以理解，但金融业客户作为IT新技术的重要需求方，对自身要有一个清醒的判断，不能误判，也不能错过颠覆性创新。

以区块链和分布式账本技术（DLT）为例，从供给侧来讲，区块链和DLT确有其特点，例如去中心化、交易记录不可篡改、可以跨越国界等。但是从需求的角度来看，去中心化作为一个新的特性，金融业当前是否迫切需要？一个国家有中央银行，中央银行就是中心化；一个国家的大额和小额支付系统通过清算系统实现跨行清算，清算系统就是中心化；各种交易所，特别是股票交易所，集中撮合的连续交易也是中心化。所以，我们需要甄别是否真的需要去中心化。针对区块链技术的另外一个特性——不可篡改性，也需要分析是不是当前金融业的核心关切。不可篡改性在某些领域是有用的，例如纸质的商业票据过去就有过被篡改的情况。而现行主要业务和交易系统运行中是否有被篡改过的案例？上海证券交易所、深圳证券交易所的个人记录是否曾被篡改？商业银行的客户账户是否被篡改？答案是没有。对于大多数已计算机化的领域而言，无须担忧，不可篡改性并不是突出关切。因此，对于新技术的新特性是否真的符合需求，还需要有独立的思考和判断。

与此同时，从全球来看，尽管技术发展很快，但真正颠覆性的创新并不太多。多数还是所谓的线性发展，其中也不乏对数线性发展的实例。两者之间的界限可能模糊。

——要清醒认知推销贿赂、打舆论战以及政治游说（Lobby）的存在。事实上，若干大金融机构分管科技的副行长或者科技部门“一把手”身边都围绕着各种供应商，这些供应商用各种各样的手段推销产品。近年的腐败案例中，也有收受科技产品推销贿赂的案例。推销者往往可能夸大自己产品的性能、必要性，以及产品可能产生的革命性、颠覆性变化等。也会有排斥对手的做法，如推介自产芯片、自产加密产品时可能会夸大其他厂商的产品对国家安全的负面影响，但其实自身技术还没有足够雄厚的实力赶超对方，希望通过行政办法挡住竞争对手。也有人试图通过媒体和舆论对政策产生影响，其他国家也有类似的情况，例如中亚、黑海及巴尔干半岛地区央行行长俱乐部曾经有过针对网络寡头（Oligarch）问题的讨论，讨论某些 IT 企业及网络巨头如何对政治产生影响，而需要选票的政治家又是如何主动与它们挂钩的。很多政治游说会对金融政策产生影响，包括金融技术的采购和应用问题。

中国发展 DC 的重要考虑之一是强调零售支付系统的现代化。这也反映了需求导向，而不是说专门为了推销某一种技术及其特长。之所以重视零售系统，是因为零售系统提供整个支付体系的底层服务，如果这个基础打得不好，其他方面的应用在上层会晃晃悠悠，会站不稳。

5. BigTech 是否及如何对现行体系形成挑战？是否形成颠覆性（革命性）挑战？①

数字货币是非常重要的创新和技术进步。但我认为它是一种渐进性的变革，而不是革命性的变革。事实上，很多新创新、新技术起初都被认为是革命性的变革，但最终只有极少数是革命性的，绝大多数都是渐进性的，特别是在非常重要、敏感的领域，如货币领域。当技术本身还不足以带来一场重大革命时，情况更是如此。在判断时，我们需要将政策调整的因素纳入考量。因为只有当政策层面有更多实质性的调整时，我们才能够看到更深远的影响。

发展数字货币有两条不同的路径。一条路径是发展私人加密货币，比如 Facebook 要发行的 Libra（现更名为 Diem）等面向跨境支付的稳定币。私人加密货币可以为包括资本账户支付在内的跨境支付提供便利，严重挑战了现存体系，不仅冲击了国际货币体系的稳定性、引发货币替代，而且对新兴市场国家管控资本流

① 周小川 2021 年 6 月 24 日在 IMF&CF40&IDF 第四届中国金融科技内部研讨会上与国际货币基金组织总裁格奥尔基耶娃的对话："数字货币与国际金融体系：效率、公平与稳定"；周小川 2021 年 5 月 22 日在 2021 清华五道口全球金融论坛上的发言："数字货币和电子支付系统"。

动的能力构成了挑战。另一条路径是各国发行自己的央行数字货币（CBDC），并采用传统方式进行跨境支付，即按照汇率将一种央行数字货币转换成另一种央行数字货币。这种方法效率更高、安全性好，对资本账户的管控方式基本和从前一样。

大约 10 年前，中国人民银行向支付宝发放了第一张支付服务提供商（PSP）牌照，后来又给微信支付发放了牌照。目前来看，中国零售支付体系总体发展平稳，但进展也并不顺利，遇到了许多新挑战、新问题，如系统效率不够高、安全性不足、隐私保护有待提高、互用性不强等。几年前，中国将 DC/EP 作为一个试点项目时，曾全面分析了数字货币在零售支付、批发支付、跨境支付、人民币国际化等不同领域的应用可能性。最后得出的结论是：零售交易应用最有可能取得进展，因为中国对此类应用的需求巨大。此后，中国支付体系建设迈入新的发展阶段。新版本重点要解决系统效率、可靠性、数据安全、隐私保护等问题，特别是互用性问题。此外，新版本还允许开展更多有用的创新，允许各方加入、试验、评估其可行性。在此背景下，中国人民银行推出了 DC/EP 项目，一些大型银行、电信公司和互联网运营商、支付宝和微信支付都加入了该项目，以谋求进一步发展。参与者与央行共同制定了“双层运营体系”，即由央行主导政策制定并设定总体框架，同时允许第二层参与者开展试点。此外，央行还需要维护系统的稳定性和安全性，解决反洗钱、恐怖主义融资等问题。

开展竞争有很多不同的赛道，最需要警惕的就是创新者、BigTech 公司、FinTech 公司挪用客户资金。确实有一些人一开始设计系统就想挪用人家的钱，但是属于少数；大多数情况下都是后来在运行过程中出了问题，出窟窿了，才不得不挪用客户的资金。我们也看到一些倒台的机构，其实初始的愿望还是不错的，但是后来挪用了客户资金，犯了非法集资类罪行。

对货币可兑换性的挑战并不是来自技术革新，而主要来自全球化。全球化之前，贸易量、投资量、金融市场交易量和跨境旅游量相对有限，也没有零售型跨境电商，因此各国都有自己的货币和货币政策，并在交易时按照汇率进行货币兑换。在这种情况下，实施资本账户管控是基本可行的。但由于资本账户交易可以伪装成经常账户交易，有效的资本账户管控仍然困难。在某种程度上，资本账户管控如同一种博弈，货币当局想要管控，但市场参与者又试图寻找漏洞以规避管控。博弈处于持续、动态变化中，当市场参与者发现一个漏洞时，当局就弥补这个漏洞，然后市场参与者再发现另一个漏洞。货币当局虽然有管控措施，但管控是否有效仍无完全把握。全球化以后，贸易量、投资量、跨境旅游量和包括债权、股权交易在内的金融市场交易量大幅增加，使得各国货币当局对资本账户和资本流动的管控更加困难。而在当前背景下，新技术的发展则进一步增加了管控的难度。

数字货币的出现会对现行的格局提出挑战。一种是某一强势数字货币是否会替代许多中小国家现存的本币，也冲击它们现有的货币政策的有效框架；另一种是数字货币不论强势与否，但能绕过现有一些国家外汇管制的路径，使本来就有难度的管控更加千疮百孔。当然还有一种冲击是促使人们去加快改造现有的国际货币体系。这几种冲击都不是技术层面上的。

重中之重在于，我们需要明确现有的国际货币体系是否适应未来的发展，通盘考虑所有因素，我们需要特别关注全球化的影响。如果我们担心数字货币的发展会给国际金融市场和国际货币体系造成负面影响，我们就应该更加关注和警惕私人数字加密货币的发展；如果大多数国家都尝试发行央行数字货币，并仍然遵循现行的国际交易和资本流动准则，这种情形就不会过于令人担忧。但无论如何，我们都需要综合研究政策和技术两方面的问题。

6. 如何认识和应对 FinTech 发展中呈现的风险和扭曲？[①]

由于 FinTech 或 IT 行业的供给侧和需求侧有时候看法不一样，涉及协调问题，这个过程中会出现扭曲，中间会产生一些风险。这个扭曲可以在三个方面得到体现：第一，把新产品、新技术当成投机赚钱的主要工具，特别早就把它推到市场上进行买卖，而且认为通过市场交易可能会在金钱上大有收获，这样就可能产生扭曲，甚至会产生一些损坏。第二，存在一种倾向是，一些技术应用没有把它潜在的金融服务能力发挥出来，而是把眼睛瞄向如何多圈点钱，特别是看中了消费者口袋里的钱，看中了存款账户的钱，过度考虑是否能够模仿银行吸收公众储蓄。2011 年我们开始发放第三方支付牌照，但是后来发现 200 多张第三方支付牌照中有一部分牌照持有者实际上对于支付科技，对于提高支付效率、降低成本不是太感兴趣，真正感兴趣的是能收预付款。这样的扭曲有时候会出问题。之前 P2P 网贷平台搞资金池也出了不少类似的问题，这也是一种扭曲。第三，IT 行业、互联网行业会出现“赢者通吃”的现象。“赢者通吃”跟我们原本的目标有

---

① 杨燕青，周徐．金融基础设施、科技创新与政策响应——周小川有关讲座汇编［M］．北京：中国金融出版社，2019；周小川 2018 年 11 月 18 日在第九届财新峰会上的讲话：“如何全面看待数字货币和电子支付的发展”。

所不同，因为我们希望竞争性发展，实现寻优，使最好的技术能够凸显出来。某些 FinTech 公司致力于抢流量，不仅提供支付服务，还开始出售保险、资产管理和货币市场基金等金融产品，这就导致了一些问题。在初始阶段，每家公司都想成为“赢者”，赢得尽可能多的流量和市场份额，所以它们利用从资本市场募集的资金为消费者提供直接或交叉补贴。对于商品和服务市场而言，这种行为可能没有过大的影响，但对于金融产品而言，提供补贴将扭曲价格，影响金融稳定，有可能十分危险。金融系统直接经营钱，扭曲的竞争所形成的损失金额可能非常巨大，出了问题将像泛亚和 e 租宝一样一发不可收拾。对于 FinTech 公司而言，正确的动机是靠新技术实现效率和竞争力，而走偏的动机可能是瞄准客户的钱包，想吃利差，甚至是自融等，或者是通过资本市场运作迅速致富。监管者关注其动机很重要。

监管者对新技术要敏锐，要总体支持，有所宽容。支持科技发展，对 FinTech 发展路线、产品不持特定倾向；服从“实践检验真理”标准，在竞争和试点中观察哪些 FinTech 技术最有潜力、对未来最有帮助；欢迎各种 FinTech 流派发展，促进金融服务业提质增效。同时也强调，FinTech 创新要服务于金融行业发展需要，这和科技行业关注科技发展的目的有一定区别。科技公司发现一个新的理论或技术方向前景广阔，可能会急于投入实践，尽快收回研发投资。但金融业并不附属于某一项技术。从广义金融服务业的角度看，FinTech 创新的目的是金融服务效益的最大化。就监管应对来看：

（一）建立受限的可复原的安全空间作为试验环境

金融政策制定者要提供一种有别于当前规则的可试验环境，

强调这是一个受限、有监管、安全可控、可还原退出的试验环境。但是，说易行难。英格兰银行提出了监管沙箱，沙箱是有边界的，如果试验不成功的话，外溢影响基本可控，沙子流回去能大体还原，大家不受损失，但这两点实际上并不容易实现。目前，在大国经济体中能否设计出货币试验的沙箱是个挑战。

（二）依靠市场竞争选优

具体领域中新技术的胜出，要依靠市场竞争优选。很多事例都表明，政府并不一定总能挑选到最有效的技术，必须要在市场碰撞磨合中获取。比如电动汽车，主管部门希望瞄准一个方向集中力量去实现并推广，减少浪费，但实践表明，还是要靠市场竞争去筛选出可获胜的技术。

技术选择具有不确定性，应主要依靠民间的研发力量，依靠市场竞争来优选和更新换代。从政策制定来说，总体要对 IT 保持敏锐、支持和宽容，技术的优化选择要依靠市场和民间的力量。回顾历史可以发现两个问题：第一，从发展历程来看，如前所述，多数技术发展实际上还是线性发展、逐步发展并更新换代的，比如大数据和云计算。第二，通过历史经验可以研究技术选择问题。虽然金融业财大气粗，最先进的东西都敢买，但是选择还是面临很大的不确定性。

（三）央行在技术选择方面，要认真考虑自己的角色

商业机构的选择出现失误还相对易于被接受，但政府选择或央行选择一旦出现失误就有很大的声誉风险。从金融界来讲，央行、监管部门尤其重视声誉，特别是央行，因为央行的声誉不仅

体现在科技路线上，更主要的是事关货币政策的声誉。货币政策很大程度上是与公众沟通，传递币值稳定和金融稳定的定力，如果央行声誉受损，包括在研发数字货币时发生这种状况，其影响很可能远非投资受损和技术系统报废所能衡量的。

当新技术出现时，大家都有积极性，央行、监管部门也都会有积极性，但应注意，真正实力强大、能够吸引人才的创造力还是在市场、在民间的力量。央行最重要的工作之一是帮助建立竞争性环境，使最优的技术顺利凸显和发展，通过竞争选优最后实现应用更好的技术。

也有可能未来整个过程就是一个动态过程，在这个动态过程中不存在最后的优胜者，因为发展速度很快，一项技术在某一个阶段会占有较大市场份额，但还会有另一项新技术出来，一浪接着一浪地往前推进，而且有可能在同一个时点上有两三项技术比较占优，并不见得谁能够有绝对占优的局面，这在科技上也是常有的现象，还有可能在中间产生一种协调、通用、可切换的方法。20 世纪 70 年代中国开始发展彩电时，彩电主要有三种制式：美国的 NTSC、欧洲的 PAL、俄罗斯和中东的 SECAM。中国当时选技术制式时并不容易，因为选择必须有取有舍，一旦选完了就不好改。当时中国选择了 PAL。后来电子技术能力提高了，出现了能够把三种制式统一在一起的自动切换的 IC 芯片，问题就都解决了。手机也是这样，二代手机到三代手机，有 GSM、CDMA（码分多址），多址技术又分 CDMA、TDMA 和 FDMA。最开始 GSM 和 CDMA 是非此即彼，后来出现了一种手机是双卡双待，问题就解决了。因此，有可能同时有两项技术不相上下，或者争得不可开交，但在发展过程中也可能会出现一些统一融合或可切换的兼容性措施，使它们能够共存。

（四）力求建立公平竞争的政策体系

竞争选优首先要使竞争条件尽可能公平，差距不能太大，否则一定会出问题。现在新进入金融服务业的有 FinTech、BigTech 和第三方支付公司以及各种各样的交易平台等，所以政策应该建立一种公平竞争、优胜劣汰且又能保护消费者的环境，政策上应避免失去公平和妨碍竞争。

——监管标准一致。比如小贷公司和 P2P 网贷平台都是按照普惠金融的目的建立的，但 P2P 没有资本金要求，也没有人实际负责监管，而小贷公司则明确要求必须主要用资本金来做贷款，杠杆率不超过 50%。到底哪个政策好很难说，但至少可以认为，相似的业务如果存在竞争不公平等问题，市场上肯定会出现某种扭曲，甚至是套利。

——财务标准一致。基础的财务竞争性取决于通用且一致的会计制度，包括资本、不良、损失、拨备等各项主要指标的衡量，都是建立在会计基础上的，所以必须要有基本的制度。

——妥善应对“赢者通吃”。对此可借用世界贸易组织关于反补贴、反倾销的理念，对市场竞争秩序和定价机制进行必要的管理。当然困难会很多，目前这种呼声在实业领域不多，比如有人提议共享单车、滴滴打车的价格制定应该不含补贴，不应烧投资者的钱去补贴、去抢份额，但未见共识。所以，尽管可能会产生一些摩擦和心理反差，甚至引起业界的抱怨，但还是要尽早对交叉补贴、“烧钱”抢市场这类做法出台相关金融政策来应对。为此，央行应引入一种“反倾销和反补贴”规定，禁止在金融产品领域向消费者提供不当补贴。但出台这类规定需要达成高度共识。我们鼓励竞争，但竞争应是公平的，使用别处的资金来补贴消费者进而抢占市场份额并不是公平竞争。目前，政策制定者正在讨论上述问题。

此外，应强调资本市场机构的社会责任。对于风投行业，也应有金融政策引导它们对投资更加负责。若拿投资的钱去支持搞补贴抢占市场份额，不一定有利于整体风投行业的投资回报，同时，对公平竞争的市场建设也未尽到社会公共责任。当全球流动性相当充裕时，从对冲基金到私募股权基金发展空间都很大，钱也非常多，甚至多到撒不出去的程度，但按照证券市场的规则，不管是股权融资还是债权融资，都应该明确披露资金的用途。金融界应坚持一个理念，即希望这些资金用在研发科技、设备、网络上，而不是直接给补贴来抢客户、抢流量。

（五）准入、激励和问题机构的退出政策选择

在许可和牌照规定准入之外，或许最重要的政策选择就是激励政策，因为激励政策是一个连续政策（不像牌照是个二进制政策），监管可以对其进行调整，鼓励或不鼓励、激励力度强弱、正向还是转为负向，都可以连续变化。金融政策要在观察的基础上设立正向激励机制，鼓励正确动机下的行为，谨防给不良动机提供鼓励，如果搞错了激励机制，相当于自己放火烧自己的楼。

如何处理问题金融机构？几年前上海畅购公司（一个持有第三方支付牌照、以预付卡为业务重点的公司）挪用了客户的资金，亏空8亿多元人民币，面临追讨和破产。对因亏损、自融而出现问题的第三方支付公司的处置方案曾面临两个选择：允许对

问题企业收购兼并或是让其破产清算。若允许收购兼并就需要请一家 BigTech 来做收购方。通过收购，BigTech 希望能够获得更多的牌照和开展相关业务的资格，但会产生两个方面道德风险：一是一旦这类公司出现问题，就能够被收购，客户觉察不到利益受损，违法经营者没有得到应有的惩罚；二是投资者也没有受到教育，客户进行投资选择时只参考回报率，不重视公司治理和风险防控，投资市场的选择性也无从体现。此外，是否要处罚作为资金托管行的银行？银行仅仅为其建立了账户，未认真履行监管责任。但此类做法符合当时行业潜规则，除此之外，银行并无其他违规行为。最后的处置方案并没有选择收购兼并，而是机构破产退出，允许市场退出和清算，损失由央行稳定基金承担，同时强调托管银行的应尽职责。历史上历次风险事件的处置也都存在这一类两难选择，监管措施应起到杀鸡儆猴的效果。亚洲金融风波中破产清算的信托投资公司、四大银行股改上市时难以处理的历史包袱，最终不得不由央行负责承担损失而防止了风险转嫁，避免出现道德风险。

7. 如何认识并区分竞争性金融服务与金融基础设施？[①]

金融基础设施这些年提得比较多，在国内，十多年前可能没有多少人用金融基础设施这一概念，更别说在改革开放前的集中性中央计划经济体制下。那时候的经济学家认为，计划经济国家是一个总公司，底下只有工厂没有公司，不管是生产活动还是流通活动，所有都在计划分配调度之内，所以那时候没有基础设施这个概念。基础设施这个概念伴随市场化、多元竞争体系产生。在多元竞争体系中的竞争性服务，也包括一些公共的货物，为大家服务、强调可靠性和公共用途，但并不需要重复建设，称为基础设施。既然是市场多元化，多个经营主体都要用共同且基础的服务的时候，就出现了公用基础设施的概念。就像修路，路修好了大家都可以用，没必要每家都修路，更不宜某家修了路只许自己用（或关系户用），那样土地资源也不够用。基础设施可由政府提供，有时也可由私人公司或公私合营来提供，如果政府建立基础设施，可以提高效率。基础设施可以收费也可以免费，免费可以通过一般性经济活动的收税（公司所得税、间接税）来

① 杨燕青，周徐．金融基础设施、科技创新与政策响应——周小川有关讲座汇编［M］．北京：中国金融出版社，2019.

弥补。

人们广泛认同，金融基础设施在金融体系和更广泛的经济活动中的作用至关重要：安全高效的金融基础设施维持并促进了金融稳定和经济增长。BIS 下设的支付结算体系委员会（CPSS）和国际证监会组织（IOSCO）技术委员会专门围绕重要支付系统、中央证券存管、证券结算系统以及中央对手等开展了一系列有成效的工作。

2012 年 4 月，CPSS 和 IOSCO 联合发布《金融市场基础设施原则》（PFMI），正式提出金融市场基础设施（FMI）的概念，将支付系统、证券结算系统、中央证券存管、中央对手和交易数据库纳入该范畴，协调统一并适当强化了原有国际标准。而为了呼应这一分类和定位，CPSS 于 2014 年更名为支付与市场基础设施委员会（CPMI），其使命描述为促进安全、高效的支付、清算、结算业务及其相关的制度安排，从而支持金融稳定和更广泛的经济活动。CPMI 监督这方面的发展与安排，包括经济体内和跨经济体的安排、标准、风险、危机管理、央行间协调等事项。此外，东亚及太平洋中央银行行长组织（EMEAP）也设立了基础设施工作组（WGPMI），跟踪研究 FMI 领域的创新与发展。同时，金融稳定理事会（FSB）下设的金融创新网络（FIN）工作组也在关注金融科技对 FMI 乃至金融稳定的影响。中国的金融稳定发展委员会也明确提出了金融基础设施的初步概念以及如何加强金融基础设施建设和监管等问题。

这方面的大量工作使人们初步理解：第一，金融基础设施大致是什么概念，为什么几项主要基础设施具有共性和相互关联性。第二，即便 BigTech 尚未说要介入证券交易的支付结算及证券类的存管，其关注和觊觎的逻辑是必然的，从某些 FinTech 公司组建非典型金融交易平台已可见一斑。第三，金融基础设施也集中了运行和规则风险，如果缺乏适当管理，也会成为流动性错配和信用风险等金融冲击的源头，或者成为上述冲击在国内和国际金融市场中传播的主要渠道。因此，需要及早研究金融基础设施如何迎接科技创新的挑战，如何建立基本秩序及原则来维护金融稳定和公众利益。对金融基础设施应该进行必要监管。

目前一般认为金融基础设施包括以下几个方面：

——国家的发钞、印钞、存储、运输、投放、回收都是公共性的，一般都是由央行或财政部来做。

——清算同样具有公共基础设施特点。市场经济均实行双层银行体制，商业银行或商业性金融机构向客户提供既定的金融服务，而中央银行作为银行的银行，需提供高效可靠的跨行业务，并使其与货币政策（保持价格稳定等）相配合。为此，跨行清算具有公共性，以可靠、稳定且高效为目标，不能过分强调盈利，而必须强调公平、无偏袒。此外，清算也为财政和资本市场的多项核心业务提供基础性服务。

——提供公平、透明、可靠和普遍参与的交易所/交易平台，如股票、债券、外汇、黄金、金融衍生品等交易，既可靠、高效，又不会在信息真实性、交易费用、是否操纵价格等问题上偏袒任何机构。

——提供涉及公众与私人公司的关键资产的登记、托管与抵押、出借等精确服务，保护私人/民营产权及其合理运用。为此，有股票、债券等登记公司，有金融账户体系，有抵押等中心。

——社会经济共同要求的基础公共信息服务，如征信中心、评级等，以准确、公正、公平为首要目标，兼顾其他。

——公共性技术平台。提供共性和关键性技术，为企业创新研发提供服务，有利于弥补单个企业研发能力不足的问题。

8. 民营机构能否及如何参与金融基础设施业务?①

金融基础设施和经济体系中的其他基础设施类似，具有公共性。民营及 PPP 方式（Public-Private Partnership）也可以参与提供金融基础设施。全球有政府和社会资本合作、政府购买服务等多种形式鼓励私人资本搞公共基础设施。当公共基础设施的使用者收费（User Charges）机制设计合理，公共基础设施可以实现财务上不亏损，可调动私人资本搞公共基础设施的积极性。

FinTech 里面受公共瞩目的一个内容，就是如何发展该领域的公共基础设施。FinTech 金融基础设施没有太明确的概念，但需要注意金融基础设施领域有“抢客户使用”的习惯，类似社交网络，有“赢者通吃”现象。金融基础设施用的人越多，用户越习惯，尽管产品可能并不是最优的，但用户惯性越大，使得每换一种金融基础设施都不是非常方便。

民营机构和 FinTech 公司参与公共基础设施应满足以下条件：

——公共利益和公共精神。传统公共基础设施如由私人来办，要有不谋己利的承诺，必须服从公共服务约束和规范，不能

① 杨燕青，周徐．金融基础设施、科技创新与政策响应——周小川有关讲座汇编［M］．北京：中国金融出版社，2019.

自私，不能挑战公共基础设施的利益。FinTech 和金融基础设施的定义不太清楚，国际协调机制、国内协调机制目前也不能界定清晰，出现某些科技公司会明显地为本公司（私有）利益服务。同时，很有可能金融基础设施由少数人使用或独家使用后，反而增加重复建设，造成混乱局面。因此，公共精神很重要。

——通过竞争实现效率和先进性。FinTech 技术是不断变化的。如果对新技术采用硬性统一的话，有可能会产生抵制。相反，一定程度的竞争，有助于采用新技术。

——更要保护隐私。金融基础设施建设涉及个人隐私是新出现的问题。美国适应不了欧洲提出的《通用数据保护条例》（*General Data Protection Regulation*，GDPR），但美国有些州逐渐向欧洲的隐私保护标准看齐。相比之下，中国传统上不太重视隐私，但隐私又是判别金融基础设施的一个主要维度。参与金融基础设施，必须处理好数据隐私。

民营机构参与金融基础设施须考虑金融稳定问题：

首先，除支付系统外，征信系统在相当多国家由央行在办，但美国等老牌国家是私人在办，虽然私人办，但必须改变其私人行为模式，由政府约束其行为。考虑支付体系和数字货币对货币政策传导性的影响，也是对金融稳定的一种考虑。如果说公共精神、安全性、稳定性、保护隐私等都考虑了，但没有考虑和货币政策的配合关系，没有考虑对货币政策传导的支持度，同样也是有危险的。因为货币政策传导机制是任何一个经济体宏观调控的重要渠道，如果货币政策缺少传导机制，宏观经济就会失调。

其次，货币发行。在中国香港，发钞也是外包出去的。从这个角度看，没有什么金融基础设施服务不可以外包出去。目前，汇丰、渣打和中行是中国香港三大发钞行。发钞行有 100% 的备付证明书，发 7.8 港元，缴纳 1 美元押着。香港金管局对发钞若干技术环节有严格要求，对发钞行也有严格要求。发钞带来的好处给予发钞行的激励是够用的，发钞行也很珍惜发钞地位。中间有摩擦的时候，必须有协调机制，例如，协调 ATM 必须兼容、新的防伪技术要兼容等，协调机制使得发钞服务运转良好。

因此，民营机构与 FinTech 参与金融基础设施未尝不可，但必须研究清楚。首先要对现有的基础设施有充分了解，包括优缺点、改进方向等，然后清晰表达 FinTech 参与会在哪些方面比现有体系强、风险如何。再有就是让监管者和公众理解、相信其公众目标，不谋私利。

9. 如何评论 Libra-Diem 的设想及随后 e-Money 的出现？[①]

一、关于 Libra

2019 年 6 月，Facebook 正式发布 Libra 白皮书，宣布要推出数字货币 Libra。Libra 未详细解释其技术细节，是否全面依靠区块链或联盟链类的技术仍不确定，但可以从以下几个方面进行解读。

——应用场景。Libra 选择跨境汇款是明智且更易于被接受的。因为发达国家的零售支付和金融市场支付已较方便，更新换代的迫切性不强，且零售交易对 TPS（Transaction Per Second）要求甚高。Libra 如先从跨境汇款这类 TPS 要求低的业务入手是易于理解的。

目前来看，Libra 自称其系统的速度是 1000TPS，这样的 TPS 还要增长一到两个数量级后才能满足零售交易的需要。与股票交易、债券交易、老百姓零售交易的交易笔数相比，区块链现在量

① 杨燕青，周徐．金融基础设施、科技创新与政策响应——周小川有关讲座汇编［M］．北京：中国金融出版社，2019；周小川 2021—2022 年关于数字货币的谈话。

级还不够，有待提高，未来其 TPS 到底能提高到什么程度，提高后资源占用如何？这些都还有待观察。但是，对新技术的发展要有前瞻性思维。如果 Libra 初期瞄准跨境劳工汇款，其 TPS 要求较低，或许是有些道理的。有交易就会形成数字资产，将来必会成为财产管理的交易需求。

对于支付成本，Libra 说账户基础的跨境汇款成本如何高，也未必完全正确。可能有的地方在 5% 左右，但须知这并非现行银行支付系统的技术成本。银行支付系统技术成本已经相当低，而且大额交易收费都是有上限的，金额越小越会显得贵些。

其实最主要的问题是，有些跨境汇款在行政上有障碍或不鼓励，比如汇出国可能对移民劳工的管理增加检查和行政障碍；又如接收国存在外汇管制，不一定允许居民开外汇账户，可能是强制结汇但提供变相补偿（如中国过去的侨汇券），这必然增加管理措施；再有就是双方代理行关系是否顺畅，是否能向基层提供服务。这方面的缺陷均会反映到跨境汇款的费用率上。还有一个障碍是汇率，小国货币的汇率不稳定，那么应对汇率风险的办法就是多收点费用。在竞争不充分的情况下，既然有需求又有经济租金（rent），银行也要借机多赚一点，往往是按照过去的技术成本来定价的。我国香港地区最近开通了与菲律宾的快捷汇款，并未使用区块链和 DLT，收费也很低。一个解释是香港十分接受大量菲佣也愿意提供便利。所以，并不是说现在以账户为基础的支付系统技术成本就很高，还存在其他原因。

当然，Libra“零成本”的说法也不准确，多少还是要在设备、电信费、互联网基础设施、社交网络管理、电子商务和软件开发等上花一些成本。但这些费用通过分摊和折旧，摊到每一笔交易上，每笔交易成本确实较小。人们也担心 BigTech 有条件运用交叉补贴和资本市场融资去补贴业务运营成本和强推 Libra。

——准备金托管问题。Libra 也提出稳定币概念，即百分之百准备金。但是，Libra 必须说清楚准备金由谁托管。国内很多人都知道，共享单车的押金一开始没托管，最后出问题就取不出来。几家共享单车公司本来财务可持续性就没计算好，又搞了那么多补贴去抢市场，先忽悠起来再说，最后有的没法收场，其间很难说不去打客户押金及其利息的主意。

所以 Libra 应该说清楚准备金是谁托管，白皮书似乎是说由其自身的协会来托管，这缺乏制衡，容易落空。准备金的可靠托管，一种找商业银行，另一种找中央银行。Libra 白皮书似已透露，托管的钱如果有利息收入，将用于支持运营和技术更新，那么这可能会产生问题。历来就有一种动机——看中客户口袋里的钱，营运很容易出问题。中国在 2011 年开始发放第三方支付牌照，共发了 200 多张牌照，大家积极性很高。200 多家公司里有不少实际上只是想搞预付卡来吸收存款、运营客户的预付资金，真正动机不是提供更好的技术来支持支付服务，而是像银行吸收存款那样，通过预付卡实质上吸收运用客户的资金，且能以备付金获取利息，同时又不必像存款类金融机构那样达到高的资本充足率等监管要求。不良动机往往妨碍真正有效的技术凸显出来，容易导致激励扭曲。

制定金融政策时要尽量使用有效激励机制，将这种不良动机降至最低。这方面，美国 PayPal 是个例子，PayPal 的用户备付金托管是没有利息的。还有一个是 Apple Pay，采用近场通信技术（NFC），连接消费者和商户的银行账户，并少量收费，其首席执行官 Tim Cook 非常明确地说的一点是，从来不打客户钱包的主意，只提供支付服务，并不接触用户的钱来获取利益。讨论这个问题的目的是搞清楚金融服务的动机究竟是什么。如果 Libra 是百分之百准备金，就有托管问题。如果准备完全拼技术，可以通过商业银行或中央银行做无息（或低息）托管。但 Libra 尚没有将此事讲清楚，建议下一步大度一点，不去算小账。

——准备金测算与金融稳定。不只是 Libra，有可能是未来和 Libra 类似的某种数字货币成功后，变成全球普及的支付性货币。既然能做支付性货币，也就可以做其他金融交易的货币，比如股票交易、债券交易、贷款本息的支付等，银行贷款可能是以 Libra 计量（Libra denominated）的贷款。

宏观货币经济学告诉我们，是贷款创造存款。所以，有 M0 以后，就有 M1 和 M2。我们来看看这个数量级是什么关系呢？2017 年底，中国 M0 大约是 7 万亿元，M1 大概是 54 万亿元，M2 是 169 万亿元。如果 M1 或 M2 出了挤兑问题，即使 M0 货币有百分之百备付金准备，也解决不了整个金融系统的稳定问题。存款人要求兑付时，不管是数字货币还是派生存款或派生权益，只关心能不能兑付。所以，香港虽然是三家发钞行，但实际上如果香港出现了大的金融问题，比如说挤兑，就绝不是只挤兑三家发钞行的钞票面值总额，那是有百分之百准备的，但是 M1 和 M2 没有。所以，并不是 M0 有百分之百准备就安全可靠、不出风险了。

那么，究竟应该有多少准备金呢？这就需要有人测算。那这个活谁能干？也就央行能干。稳定币是在密切观察了比特币等交易出现混乱现象的基础上发展起来的，是一种进步，但尚未完全说清楚，真正实现稳定还要跟央行及金融政策有更多的配合。

——汇兑问题和货币政策传导机制。Libra 跟多种货币的某个篮子挂钩，与电子化货币（eMoney）类似。跟着的问题就是多种货币的比重、汇率，以及是否涉及相互之间的汇兑、清算问题。假设人们跨境汇款汇回到家乡以后，可能 Libra 在当地还不能全面用于商品直接交易，那么还是要兑换成本地货币。本地货币有可能在 Libra 的篮子里，有可能不在。如果不在篮子里，仍旧有较大的行政管理和汇率风险；如果在篮子里，但实际运用比例与准备金篮子的比例不一样，还是会有汇兑问题，也会涉及汇率。

这就导致一个不可能回避央行的问题，以及国家间央行如何协调的问题，又带来全球是否需要有人来管理各种货币之间的汇率及其形成机制的问题。此外，就全球来讲，如果 Libra 成功，必然有 M0、M1、M2 的扩张速度问题，现有掌握扩张及其价格的货币政策传导机制需转到或部分转到以 Libra 为基础，或者 Libra 必须为货币政策传导机制的有效性作出设计。

——Libra 对中国的挑战。对中国来讲，我们要考虑 Libra 等类似数字货币如果以货币组合作为准备金，肯定不会选不可兑换货币，否则操作上有风险，比如服从外汇管制的风险等。如果 Libra 成功的话，对弱势货币、不可兑换货币、发展中国家货币将有替代作用。因为篮子里还是以美元为主，所以人们产生了对美元化的担忧。

二、从 Libra 到 Diem

Libra 是一个有合理性、有创意的想法，但有很多问题没有解决好。Libra 在经过一段时间后于 2020 年转换成 Diem，这一转变有着合理的思路和理由，但仍有一些重大问题没解决。好的转变有三个方面：

第一，看到国际货币体系实际上是一个非常大的难题。全球金融界和精英人士研究多年依然没能推进太多。这虽不意味着未来不能推进，但至少需要有重大事件或者产生足够动机才能有大的推动力。因此，Libra 以多种货币为基础的想法不太现实，决定转为 Diem。

第二，如果想以多种货币篮子为基础，就需要对篮子货币进行管理，同时篮子货币和其他货币之间也存在兑换关系，货币的供应总量等方面都会带来问题。与其这样，不如只选择与美元挂钩，因为美元在国际上是有信誉的货币，那么它就只需要跟美联储——美元的发行机构产生关系就可以了。这也包括，如果 Diem 有准备金（即有支持它的后援），就只由一个机构进行监管，这样似乎与现实还比较接近。不像 Libra 专门设立了协会，即设立了一个在瑞士的组织机构，这样，Libra 币值稳定等问题，美国、其他国家和 IMF 都无权进行管理，这也暴露出 Libra 有明显逃避监管的动机。

第三，如果 Diem 与美元挂钩，未来落地后实际或潜在应用的可能性会扩大，目前特别提款权（SDR）类货币篮子在全球各个地方推广到支付的可能性十分小，而 Libra 和 Diem 都瞄准跨国汇款，汇完款后到手里到底能不能用呢？很多用户的应用都在零售领域，这涉及千家万户，让千家万户都接受 SDR 是一个相当艰巨的工作。运用于其他小一点的方面也是一样。但要接受美元还会相对容易些，因为有不少国家的零售在一定程度上也接受美元，当然也有一些国家不接受。所以，Diem 落地后直接应用的可能性还是比较大的。如果落地之后不能用，就必然要转换成当地货币，这就会涉及一系列的汇兑、汇率、外汇管制等问题，会出现像中国多年前的侨汇券那种情况。因此，即便瞄准跨境汇款，事情也不容易，但 Diem 会比 Libra 更容易实现一些。

综上所述，Diem 包含了以上三个方面的合理性，因此这个转变是有道理的。但是，由于涉及跨国汇款、跨国支付的其他很多问题仍旧没有得到解决，从这个角度来看，Diem 的思路进展还是不够的，从而导致其终究还是要搁浅。

三、关于 e-Money

关于 e-Money，IMF 最近发布的文章总结了前一段时间的讨论，人民银行也深入参与过有关讨论，提出了自己的意见。[①] 这篇报告认为 e-Money 应是稳定币概念。该报告接受了这样一个观点：比特币及与其类似的加密货币总想及早回收研发和推进的投资，也就是先拿去作交易、赚钱，结果价值非常不稳定，从而也断送了其作为支付型货币的潜在可能性。

---

① Tobias Adrian, Tommaso Mancini-Griffoli. The Rise of Digital Money [D]. IMF Fintech Notes, July 2019.

10. DC 是否要替代纸币？如何选择 Token-based/Account-based 产品？[①]

经过对数字货币的深入研究与探讨，数年前人民银行形成了一个初步共识：现行的纸币（M0）或迟或早会逐渐淡出。纸币不会没有，但是纸币的应用范围和数量会越来越小，甚至可能慢慢趋近于零。纸币下一阶段的替代品是数字货币或电子凭证。

人民银行明确未来数字货币会逐渐代替传统纸币。这一发展过程中数字货币与纸币会有长期并存的过程，纸币不会停止使用。这是因为既要考虑代际间使用的影响，需要方便老年人的使用；同时也要考虑若发生应急事件，比如出现大规模断电、断网等问题时，还需要有纸币做后援。此外，这还涉及法律需要修改等不少问题。有机构在一些地区推广“去现金化”和“无现金社会”。有人提出反对意见，因为人民币纸币是法定货币，法律规定必须接受。

从数字货币的分类来看，数字货币可以基于通证（Token-based），也可以基于账户（Account-based）。从中国的发展来看，从过去的信用卡到现在以手机为基础、以二维码为特征的应用，

① 杨燕青，周徐．金融基础设施、科技创新与政策响应——周小川有关讲座汇编［M］．北京：中国金融出版社，2019；周小川 2020 年 9 月 23 日在 2020 中金数字经济论坛上的讲话：“数字货币概念体系的形成与推进”。

都是基于账户的做法。在当前数字货币的研发和试点中，基于通证的双离线场景[①]已证明了技术上的可行性，相关业务规则和产品化流程正在设计与开发中。

① 参见本书第四部分第 39 题的相关解释。

第二部分

数字货币与支付系统的技术选择

11. 为什么说 DC 是 IT 整体发展（而不是某单项技术）的产物？①

以支付工具为例，古典的支付工具是各种纸币、代币，后来这两者的使用比例越来越小，信用卡、借记卡开始成为新的支付工具，一直发展到现在的手机支付。正如支付工具的演变与信息科技的进步密切相关，每一次金融业变革，信息科技都是重要的推动力量，金融业历来也都是服务器、存储设备、网络设备和数据库软件的重要用户。

FinTech 并非信息技术以外的一种“新科技”。无论是 FinTech 还是 RegTech（监管科技），这些 Tech 主体还是 IT，或是 IT 在某一领域的应用，而并非 IT 以外的新技术。以支付为例，事实上，FinTech 对金融体系产生重要影响始于支付体系，就是因为支付体系最具和信息科技相联系的特征，一直以来也高度依赖信息科技。

近年来出现了区块链和分布式账本技术（DLT）。一般认为，区块链和 DLT 由于具有去中心化、加密、可加载智能合约等技术特点，应用于跨境支付将降低汇款交易成本，应用于金融、病历

① 杨燕青，周徐．金融基础设施、科技创新与政策响应——周小川有关讲座汇编［M］．北京：中国金融出版社，2019.

和土地契约等系统将提高存储记录安全性，将智能合约的自动执行应用于交易所可提高结算执行和交易效率。需要注意的是，新技术总会尽力推销自己的特长，但未必是最需要的。区块链在推销自己时强调以下特点：

——去中心化。区块链支持者声称之前的金融系统都是中心化的，未来的金融系统则应是去中心化的。但是我们应该想一想，为什么要去中心化？一般人听了也会被忽悠，认为过去中心化不好，所以现在要去中心化。事实上，过去的体系有很多并不是中心化的，比如双层银行体系；又如金融市场交易对绝大多数客户而言是轧差清算，小额支付系统也是轧差清算，本来就不是完全的中心化系统，而大额支付系统——被视为基础设施的清算环节确实是中心化的。

电子支付基于银行账户技术（中心化账户系统），基于区块链则推出了无专属的分布式账本。中心化账户系统是先进还是落后，还很难说。截至目前，账户系统表现出良好的可靠性，出了问题后还可以查询、纠错。信用卡丢失后，可以挂失，如果交易有假的，还可以回冲（Charge Back），各类争议往往可以仲裁解决。当然，仲裁也会有不公正的问题，美国公众多年抱怨信用卡仲裁案中 90% 都是金融系统赢，很少有用户能赢。但不管怎么说，有这个渠道。

从支付系统角度看，去中心化并不是金融界关心的核心。从 20 世纪六七十年代起，主力的支付便利化技术是信用卡（借记卡和贷记卡是基于通信、计算、POS 机和账户系统的电子支付），经历了从磁条卡到加密磁条卡再到 IC 卡的更新换代过程，后来又有卡基和非卡基的卡支付。互联网从 90 年代开始出现在电子支付业，用于支持支付的通信手段，后来也发展了直接的线上支付。区块链出来后，有人说电子支付不是数字货币，只有区块链和 DLT 才是数字货币。但以支付目的为中心思考，实际上要解决的还是老问题，即印刷并使用钞票还是用别的技术来替代？电子支付要想清楚选用 FinTech 的目的：快捷、高效、低成本、可靠。一个技术出来以后符合这些要求，就有用武之地。

——记录不会被篡改。区块链是分布式记账系统，信息在区块链中有多个记录拷贝，使得信息不能伪造，这确实是其推销的一个特点。但是我们需要思考总结，目前的金融交易系统中伪造多不多，股票交易系统中是不是很多记录都被伪造过？如若真是如此，就没人敢做股票交易了，可见伪造问题不见得那么突出。同时区块链又说所有的交易记录是分布式账本，每个人都可以核查，有利于监督，但实际上交易可以由匿名的收款人和付款人完成，需要查的时候反而查不到。

——匿名交易。匿名交易好不好很难讲，我们强调要保护用户隐私，并非任何一个人到商店里买一样东西都要全部透明，没必要，但是如若完全不可以知道支付方或者支付的账户方在干什么，也是有问题的，因为这些账户可能从事违法犯罪行为，例如前述在实验室制造的毒品衍生物用比特币在网上交易。

——跨境交易。一笔交易通过加密货币走跨境交易可以实现，但走普通路径会被外汇局卡住。这里的问题是，跨境交易要区分经常账户和资本账户，还要符合 KYC、反洗钱和反恐怖融资的监管要求，如果连反洗钱和反恐怖融资都不管了，是不是真的好？

所以区块链宣传的优越性，是根据产品的技术特征提出来的。如果对这些优越性没有深思的话，会觉得这个新鲜事物很好，当前中心化系统和跨境支付障碍很落后。从需求和供给的角度看，从现实的制度出发来看，清醒判断，分析哪个占主流，才能看清楚它是不是你真正想要的。

——智能合约和高频交易。智能合约技术的未来前景值得期待，但也需警惕其可能导致的负面影响。例如利用其交易即结算特性加剧高频交易，若完全脱离了基本面的频率特性，产生频率错配，高频交易容易引起系统的不稳定，容易变成单纯投机的工具。要警惕加剧高频交易造成系统脆弱性，也要警惕区块链上加载的智能合约可能带来的不可预知的风险。

区块链技术应用于货币尚存以下障碍：

从历史看，金融业的发展很大程度上依赖 IT 的发展。金融业在发展早期与 IT 关联不大，但后来关系日益密切。事实上，如今的金融业是一种 IT 产业。从货币供应看，M0 过去占金融交易比例非常高，但现在情况已有很大变化，中国 M0 目前是 6 万亿 ~ 7 万亿元（通常年中稍低，年末春节前稍高），M1 是 50 万亿元，M2 是 170 万亿元。M2 即账户里的钱，存储在计算机里，是计算机的一个数据项，里面的数字代表了账户是谁的、有多大金额。从这个角度来讲，金融业负责处理的货币只有 4% 左右还没有数字化，而其余 96% 都已在 IT 网络中。几乎所有的金融凭证都存储在计算机中，即全部实现了电子化或者说数字化，各种证券以及所需要的大量文字性的东西也都已数字化了。

——无法解决兑换与跨境支付的外汇管理问题。中国现有体制下，跨境支付和各种支付手段的自由度仍是需要管理的。区块链声称无人监管、去中心化、可兑换。对跨境支付可否不再去管？有相当大一部分发展中国家货币尚不是 100% 的自由可兑换或可自由汇入汇出。美国是货币可兑换，但也不是汇入汇出一点都不管。大家都知道的反洗钱、反恐怖融资也是一个重要内容。除了反洗钱、反恐怖融资，美国最近发明的一项手段就是金融制裁，金融制裁的基础就是要管国际支付，虽然不是事先审批，但是事后对支付信息盯得很严，盯的内容之一就是国际支付中的 SWIFT 系统。美国在“9·11”后要查看 SWIFT 信息，其他许多国家是不满意这一做法的，但由于这一金融基础设施掌握在 G10（十国集团）国家手里，虽然中国等国也加入了 SWIFT 董事会和监督论坛机制，也是巴塞尔银行监管委员会的成员，但对以前形成的东西（例如 SWIFT 等）暂时还没太大的发言权。因此，跨境完全自由流动目前还不是最为关切和现实的政策。

——匿名性暗藏非法交易风险。一说到匿名支付，马上就有人说到所谓的深网和暗网。里面有很多乌七八糟的东西，诸如贩毒、赌博、武器买卖、人口贩卖、假证件贩卖、学位论文贩卖、假药贩卖等。这些非法交易的支付都希望走去中心化的系统，希望无人监管。去中心化的支付究竟有多大危险，还得严密关注。热衷区块链的人称区块链交易都是透明的，任何一项交易都留有记录，谁也不能抹去、不能篡改。但很多交易主体实际上是匿名公司，也就是发货公司和交货公司都是匿名公司，而且这些公司的名字都只用一次，作为空壳注册放在那里，机会来时就用一次，之后不会再用第二次，所以很难查。这类似于我国 20 世纪 90 年代有证券人士用麻袋去农村收身份证，再用这些身份证开户，想要操纵市场的时候，突然调动多个身份证登记的账户去操作一把。如果要再用第二次或第三次的话，很容易被发现。假如暗网上已经有这么多违法买卖在用加密货币交易，且目前还没有看到哪个国家有成熟的机制去盯着这些基于区块链加密货币的暗网交易，就必须要小心了。

——区块链技术并不能保证资产绝对安全。从可靠性来讲，最开始时，大家可能认为区块链多份拷贝、不可篡改，所以可靠性好，但是并不是万无一失，私钥泄露、钱包漏洞、智能合约漏洞、公链51%攻击等各种问题，也会造成损失和被盗，更不用说黑客钓鱼和攻击，普通老百姓更是防不胜防。

——处理效率和能力。区块链每秒钟处理交易的能力（TPS）、可扩展性仍然相当有限，对资源特别是网络带宽和存储占用也比较多，虽然近几年通过共识算法优化等技术迭代有了很大进步，但比当前中心化的集中或分布式的系统的处理能力还差很多。

12. DC给不同支付领域系统升级换代带来哪些不同的需求与空间？[①]

在 DC 的潜在应用领域中，人们所讨论的主要的支付领域有零售支付、批发支付、金融市场交易、国际贸易支付、跨境汇款等。究竟从何处入手？一些人重点从业务需要的角度出发，另一些人从新技术有哪些潜力出发。另外，任何支付系统总会随时间、随技术而有升级换代的需求，而是否升级换代往往看能迈多大的台阶。

整体来讲，支付系统现代化是一段时间迈一个台阶，这个台阶一般来讲是比较大的台阶，大家才有足够的动力，比如像手机更新换代，有的厂商几个月就发布一个版本，但是从用户的角度来讲，他的手机才花钱买的，而且还可以用，性能上没差多少，所以一定是觉得这个台阶要比较大，才会考虑去升级，特别小的台阶、微小的改进就要换系统的话有可能动力不足。所以要用这种差距化，衡量台阶到底迈得有多大来看选择什么样的应用方向。

怎么看这个台阶呢？一个是看系统的功能，它的效能怎么

① 周小川 2021 年 5 月 22 日在 2021 清华五道口全球金融论坛上的发言：“数字货币和电子支付系统”。

样，表现怎么样；另一个是看成本是不是能够降低，效能跟成本一比就是性价比。此外还要看看这个系统出错的可能性，因为金融系统涉及稳定，涉及信心，对出错的小概率是非常关注的。中国比较重视零售系统，这个台阶可以迈得比较大。中国是现金用得比较多的社会，改进余地大，而从全球来看，当前状态各有不同。

就全球来看，发达国家即便是信用卡比较普及的国家，也会感到随着互联网特别是移动互联网的出现，零售支付的台阶也许值得迈上去。另外，这也是客户的需求，客户不希望有太复杂的、太多种多样的老式支付方式，很希望在有手机以后，将移动互联网作为一个主流的零售支付方式。所以这个台阶的成本节约也是显著的，向前迈进的动力是比较大的。

随着技术的发展，批发系统也有很大潜力进一步提高。但是目前并不是效能在成本上有很大的改进余地，即便是改进的话也不太明显，社会上也不会有太大的感觉。总体来讲，我们觉得批发环节也要给予注意，但是，这个台阶似乎现在迈不了太大，要迈就是一个相当小的台阶。

各类金融市场中交易所都在使用支付、交收系统，未来都有可能实现实时全额（RTGS）交易，但是实时全额交易系统并不是在各个环节都适用的一个好的选择。这就是为什么国际掉期与衍生品交易协会（ISDA）反复主张差额结算，它对市场参与方的风险控制更有好处，同时降低了每笔实时全额交易要求的经济资本。从交易所系统来讲，不是说实时交易速度越快越全额越好。因此也涉及这个台阶究竟迈得有多大的余地的问题。

整个国际贸易结算体系虽然很复杂，而且有人抱怨可能效率不高，还可以提高，但是并不是像有些人想象的，应该像老百姓去商店里买东西一样，一手交钱一手交货，给钱就完了，弄这么复杂干什么，还要想想其中的理由。这个系统的改造，也不是说现在所想象的数字货币那么容易就把它替代掉。这个台阶可能需要有更多的功能考虑，然后看下一步有什么样的机会能够升级换代。

跨境汇款也是一个迈台阶的机会，但也不是单靠技术系统就能解决的。它有赖于制度政策方面的解决，特别是涉及汇率制度、外汇管理，以及一些国家的外汇管制。很多年轻人可能不知道，中国在改革开放之前，有那么多海外华侨，华侨给国内亲属寄钱，寄的可能有美元有日元，但是收款人是拿不到的，必须换为人民币，当时的汇率又非常不合理，收款人受欺负了怎么办呢，就额外再给一部分侨汇券。虽然中国改革开放后这个阶段早就迈过了，但是看其他某些发展中国家，实际上还是面临类似的各种各样的问题。另外，他们也确实都担心美元化带来的风险。因此，我们在选择利用数字化、利用互联网提高支付系统现代化水平并且迈上一个台阶的时候，究竟在哪个方向上台阶可以迈得比较大，取得的效果比较明显，是需要考虑的。

同时，也别想一口吃成个胖子，弄一个系统就拍胸脯说，既能解决零售支付，又能解决批发系统，交易所系统也都完全改造了，贸易结算、汇款等所有问题都解决了，这也不现实。所以，还是要作选择，针对某应用领域进行研发和试点，也要有定力，不能这山望着那山高。

13. 能否加快实现不同数字支付工具的互操作性？[①]

现在存在多种方案、多种产品的竞争选优，我们要求有互操作性或者通用性，但实际上可能需要一个过程，应该怎么把握这种关系？总的来说，我们要鼓励创新，鼓励新产品研发。在研发之后也应该创造一定条件让它们进行试点：可以是某种设定范围的试点，也可以是沙箱（sandbox）试点。有了试点，有了多种方案并且产生竞争，就会优胜劣汰。但要当心，在“劣汰”的过程中会不会造成社会问题？会不会有用户遭受损失？所以还是要非常小心，毕竟货币领域不同于制造业的产品领域，货币可能更加敏感。同时，在竞争过程中要注意保证公平，不能恶意打压对手方，也不能破坏金融基础设施，因为轻易地替代和破坏金融基础设施造成的风险可能会很大。

竞争最终会带来优化趋同，最后好的东西会被选出来。但也要注意，创新过程中可能多方案并行，最开始肯定是缺少通用性或者互操作性，因而在一定阶段，还需要有一些主管部门、监管部门或者协会来改进和加强通用性，制定一些通用性和互操作性的标

① 周小川2022年4月16日在2022清华五道口全球金融论坛上的发言：“关于数字货币的几个问题”。

准和规则，才能真正方便广大老百姓。

举例来说，彩色电视机业就经历过类似的多方案并存发展阶段。20 世纪 70 年代初中国发展彩色电视机业，需要对信号制式作出选择，当时中国选用了 PAL 制式，美国和日本用的 NTSC 制式，苏联及中东欧地区是 SECAM 制式，各种制式不相上下，也没法强令谁淘汰谁，于是就会并存一段时间。这期间从国外买电视的人需要看清楚买的制式对不对，不对的话，拿回家不能用。并存一段时间后，就有人开始研发新的集成电视去实现可切换。最开始是两个制式的切换，如 SECAM 和 PAL，最后是三种制式间的自动切换，到现在大家都不需要知道过去曾有三种制式了，反正一开电视，不管哪个国家的信号都能看了。再比如信用卡。21 世纪以前中国信用卡市场不通用，有 VISA、Master 等不同的卡组织，也有工行、农行、中行、建行等不同发卡行，那时候大商场同时在柜台上摆着八九部 POS 机，虽然功能基本一样，但就是不通用。后来国家要求人民银行负责解决这个问题，要求一台 POS 机能实现多卡种并刷，于是就成立了银联，搞了跨行转接系统，大幅提高了通用性。

数字货币也有可能会经历类似过程，不可能从一开始就强调高度的一致性，也不可能事先就决定好由谁做标准。先验的标准是无法凭空制定出来的，没有人坐在办公室里就能事先把各类问题全想明白，只有在实践中允许多方案试点，竞争选优，到一定阶段后借由某些机构来增强通用性，强制性地或者是半强制性地推进互操作性。这也正是当前我国对数字货币试点的一个选择。

总的来讲，如前面所说的，数字货币有几种不同的赛道：一种是 Token-based，以代币为基础的赛道，其中比较热点的是以区块链或者 DLT 为基础的去中心化的产品。另一种是 Account-based，以账户为基础的赛道。还有以支付指令传输为基础的也可以是一种赛道。数字货币发展到现在，钱包的概念用得比较多。实际上钱包最后就会有分别：有的里面装的是 Token（代币）；有的装的是账户代码，连着银行或第三方支付的账户；有的装的是类支票。当然也可以有混合的钱包。总之，真正不同的产品实际上是在不同的赛道上竞争。

从竞争的标准来讲，重要的一点就是安全性。首要的是采取何种安全性技术。比如二维码，早期的二维码里面可能易于藏木马，容易变成诈骗的工具，后来在人民银行推动下对二维码进行了升级，现在的应用还是不错的，还有静态二维码、动态二维码等区分。也有大科技公司认为，二维码安全性等级不高，其寿命终究不会太长，也许再过若干年就被替换了。有的公司则大力推动近场通信（NFC）方式，也有的主张推动蓝牙技术。此外，另一个安全性技术就是密码。大家知道，数字货币的很多环节和过程都需要加密，如钱包资金、支付给商户的过程、商户上传交易信息等可能都需要加密。加密方法有若干，也是一种竞争。这当中有一个问题是，究竟是用国产的加密算法，还是用外国的加密算法？这个就要考虑在极端情况下安全性究竟如何。所以，安全性也可以算是一个赛道。

总之，发展和竞争有很多不同的赛道，创新者包括 BigTech 和 FinTech 公司等最需要警惕的就是不要滑向挪用客户资金之路，否则是非常危险的。这存在两种情况：一种是确实有一些人从一开始设计系统就想着挪用客户资金，但属于少数；另一种是大多数情况下都是后来在运行过程中出了各种财务问题，出现窟窿了，才铤而走险挪用客户资金。在实践中我们也看到，一些倒闭的机构，其实初始的愿望还是不错的，但是后来挪用了客户资金，犯了非法集资类的罪。

14. 跨境零售支付可借助哪些新技术？有哪些障碍需要攻克？[①]

在零售支付的时候，消费者首先要获得价格，然后通过价格来考虑是否购买某个东西或者某项服务。如果是跨境交易，还需要获得汇率方面的信息，折算后再考虑是否购买。如果是现金交易，可能要事先准备适用的现金；如果是账户交割，交易瞬间要完成交割的一部分信息传递。如果使用贷记卡，需要获得授权；如果使用借记卡，需要进行身份验证。商户在接收到钱的时候，他要对销售税或者增值税进行记账，所以很多国家都要求零售商户必须使用收款机。此外，交易结束后商户也需要进行财务核算。他在接收货币的时候，要确认是不是假币、交易有没有合规的问题（比如在美国，不得对 18 岁以下的人售酒）以及交易是否真实等。如果是信用卡或者贷记卡，信息传递的过程中需要加密，不能被截取。总之，在交易时刻，需要做一系列事情，在技术上无非就是两个方面：一是获取一定的信息，二是要作一定的数据处理。

过去由于通信设施和计算能力受到限制，那时候获取的信息

① 周小川 2020 年 12 月 13 日在 2020 中国（深圳）金融科技全球峰会上的讲话："IT 发展如何促进支付体系现代化和跨境支付便利化"。

可能有限，处理的内容不能太多，太多可能处理不过来。处理分两种：一种是现场处理，比如 POS 机，现在用手机作为移动终端能处理的事情就多得多；另一种是传上去，过去没有云计算时是传到数据处理中心。总之，如果通信和处理能力大幅度改善的话，在交易时候能够做更多的事情。这是分析问题的思路。

过去在获得信息和处理能力有限的情况下，很多事情要推到事前或者事后做。所谓推到事前，对于消费者来讲，比如跨境消费，需要事先把外汇换好，把手中的货币换为目的国的货币。换就最好多换一点，要不然不够用的话很麻烦；多换了以后又可能用不了，用不了以后还要再换回去。由于各国外汇体制不一样，换回去可能还有一定的困难。另外，在这个过程中，不管是提前换还是事后换回去，都要承担汇率风险。也有人换完最后剩下的干脆就放在抽屉里，持币了，当然他也是承担了风险的。

一般国家经常项目往往是可兑换的，但是资本项目就不一定了，所以不少地方有换汇限额。年度限额规定有多有少，其实按照年度计算一个限额，年度限额的量会比较大，实际上很难控制用途，有时候可能出现不合规，有可能说是经常项目支付，实际上用于资本项目。对于商户来讲，使用 POS 机或者收款机，事后往往还是要把现金或者账户收入汇总到商户的某个账户里，以便用于成本开支、税务和财务分析等方面的需要。

商业银行在这个过程中起到相当重要的作用，特别是涉及现代支付工具，比如卡类、网络终端、手机等，往往要由商业银行完成事后的账户交割。跨币种的事后操作还可能涉及中央银行，需要进行清算。商业银行和中央银行需做的事往往是在交易时刻之后。总之，不少的工作不可能在支付那一刻完成，要事前做或者事后来做。在通信能力、信息获取能力以及数据处理能力大大提升以后，这种工作量的分布可以调整，可以在交易支付的时刻做更多的事情，这会使支付更加便利化，特别是跨境支付得以更加便利化。在这种改变之中，区块链和DLT是一种选择，它也涉及币种问题，涉及在商户征缴的消费税和增值税问题。

如前所述，信息获取和处理能力的提高，可以在交易时刻和交易瞬间完成更多的工作，其中一个可能性是把货币兑换工作放在这个环节，也就是购买时，将原有账户中某个币种的货币进行兑换，可做到兑换的量与所要购买的商品或者服务正好完全一致。另外，兑换等信息的获得比以前更方便，这里面一个主要信息是汇率。汇率可以用前一天的固定价（FIX），也可以用即时的外汇市场的汇率信息。对一些小的国家的币种还可以用套算汇率。总之，做这个工作与以前的条件已经有很大不同了。

另外，利用网络易于控制的是交易的场景，商户是有代码的，可以比较清楚地判别是不是经常项目的支付，以及汇兑是否合规。在某种程度上，也可以说是执行一种智能合约，最简单的智能合约其实就是条件支付。这样就可以减少事前事后许多工作量，而在交易瞬间可以通过当代的信息技术来完成。

过去使用信用卡，用人民币账户的银联卡，在境外交易的时候卡公司会承诺给一个兑换的便利，但是兑换的信息不及时，有时候也不透明。VISA、万事达都愿意承诺给予最优惠的汇率待遇，但是实际上有时候并不见得是这样。利用当前的互联网技术、移动终端以及云计算的处理能力，在支付时进行多项操作变得比以前更加有可能性了，使不同选择的汇率与兑换可以相当及时，还可以执行智能合约。

我们知道，前文提到把事前事后工作量进行压缩，而在交易瞬间有更多的信息获取量和数据处理工作量，但是最后还可能要有一部分事前事后的工作。事后的工作可能还是有跨币种的交易问题，设计上是可以轧差后交割，轧差以后要交割的数量会比较小，可以由中央银行指定某个商业银行负责某一个币种的交割和清算，也可以由中央银行直接安排清算的模式。

现在的技术可以使许多技术问题在支付瞬间得以解决，在很大程度上可以便捷实现，这跟以前的技术处理办法很不一样，比如在支付环节不管用不用区块链都可能有智能合约，或者嵌入支付条件。在此情况下，中国和其他东亚国家，特别是东盟，可以稳步向前推进跨境支付，因为各国条件差异比较大，政策法规环境差异也比较大，发展水平也不同。这需要各国在国内零售支付系统坚实发展的基础上，优先重点解决跨境旅游等经常项目支付，同时尊重有些国家防止美元化的需要。当然，在此过程中可能会伴随人民币国际化，但不应强推，更要避免被说成人民币化。央行还是要把精力放在跨境支付清算环节的合作上。

15. SWIFT、CIPS、CBDC 之间存在怎样的替代关系?①

不少人关心，在当前地缘冲突的情况下，SWIFT、CIPS、CBDC 等会起到什么样的作用？大家对此已经有很多讨论了，在这里我只是希望能澄清几个概念，从概念上厘清几个系统的功能。

首先，不像某些媒体或者人士所说的，SWIFT 是一个跨境的国际支付系统。SWIFT 的全称是环球银行间金融电讯协会（Society for Worldwide Interbank Financial Telecommunications），它其实是全球性通信组织，不是跨国支付系统。也就是说，在支付之前需要有很多通信，而这些通信绝大多数走的是 SWIFT 系统和通道，后续的资金支付、结算和清算还都是按照币种走各国自己的支付系统。对此我们应该弄清楚。

CIPS 是人民币跨境支付系统（Cross-border Interbank Payment System），其出发点是为人民币跨境支付而设计的，本质上是用于人民币跨境支付和结算、清算的系统。当然，这个系统也允许使用其他主要币种，即少数几种主流货币，但到目前为止并没有多少交易量。此外，这个系统里也融入了一些通信功能，但使用得

---

① 周小川 2022 年 4 月 16 日在 2022 清华五道口全球金融论坛上的发言："关于数字货币的几个问题"。

不多。这些功能能否得以扩大使用，取决于参与市场的国际性金融机构的意愿与需求。这是现状，因此不能指望一下子能干太多的事。

关于数字货币，目前中国设计数字人民币（e-CNY）主要是用于零售，是为了方便民众和商户，不是为了大宗贸易支付，也不是为了替代美元。所以说，既然不是按那种目标设计的，如果忽然给它派这方面的任务，它也不见得能撑得起来。当然，我们并不排除e-CNY未来可能有跨境支付和贸易结算的前景，但估计也首先是在跨境零售领域中得以应用，不是轻易可当作地缘政治工具来使用。

其次，SWIFT作为全球银行间通信组织，与贸易、投资、金融市场交易密切相关。在当前的地缘冲突环境下，某些国家已经受到制裁，资产被冻结了，国际投资被限制了，国际金融市场的交易（除了现有债务的还本付息）也基本被卡住了，尚需关注的要走SWIFT系统的主要是贸易相关领域。SWIFT在国际贸易中也起到了重要作用，因为在支付之前需要通过SWIFT解决很多贸易信息问题，包括合同、仓储、运输、保险、通关、税务、退货等，以及支付指令、保函、贸易融资、保理等金融信息，这些都需要事先沟通好。由于SWIFT已运行多年，系统做得比较好，因此不仅是银行，连一些跟贸易结算或融资有点距离的业务，也都走SWIFT渠道进行通信。真正涉及支付的主要是传递支付指令，目前有大量的支付指令走SWIFT的通信渠道。应该明确的是，真正通过SWIFT做跨境支付时，还必然涉及用哪个币种的问题。SWIFT并不是仅适用美元支付的机构，它可以选择多种货币进行支付；至于哪个币种流行，是众多市场参与者选择的结果。如果选用人民币支付，则在支付指令传递过后，还要走 CIPS。如果涉及多个币种间的相互转换，还要走外汇市场并会涉及汇率机制，因而汇率机制也是个重要的贸易问题。

那么在这种情况下，如果避开 SWIFT，国际贸易还能不能做成？从理论上讲，应该是能做成的，因为其基础是贸易，实在不行就退到原始的以物易物方式进行易货贸易。不过，易货贸易中最好两边是等额交易，否则有了差额，还是要以货币为单位来记账。这种差额还可能是多边的记账贸易差额，像中国过去和经济互助委员会一些国家的贸易差额就是以瑞士法郎记账并挂账的，这个记账货币也并不是真实的瑞士法郎，而是一个与真实瑞士法郎价值有差别的记账符号。如果某国大量地把 SWIFT 系统作为制裁工具，一方面，应该考虑到受制裁国家一定可以找到其他的通信渠道来继续完成贸易；另一方面，也应该看到，这会牺牲 SWIFT 已经形成的自身效率和市场规模。一是参与的金融机构数量非常多，还有一些是非金融机构，因此有规模效应，只要进了 SWIFT，跟谁联系都很方便高效。二是 SWIFT 在保密方面做得很好，过去用专门的加密机，现在也有很多严格的加密方法，很少听说它在保密方面出问题。大家可能知道，2016 年孟加拉国央行曾发生了美元储备被劫案，最早各方怀疑是不是 SWIFT 安全性出了问题造成的，最后查出来是黑客侵入和控制了孟加拉国央行计算机终端系统造成的，并非 SWIFT 自身网络安全出了问题。当然这也是“道高一尺，魔高一丈”的事情，加密与破密是动态博弈关系。三是 SWIFT 对信息分类后作自动化处理，多数信息不用人为干预，效率高、差错少，因此具有很大优越性。

如果避开 SWIFT 另辟渠道进行贸易通信，可能首先会有个过渡期，因为最开始时这个新系统可能参加机构太少，很多通信对手方不在其中，解决不了及时联系的问题，就会影响贸易效率。可能过去一个礼拜完成的贸易，现在两个月都没完成，因为很多渠道都没法联系和对接上。再者，可能安全上会有缺失，人工处理上也存在出错可能性，等等。所以说，SWIFT 不是不可替代，但要替代 SWIFT 还需要做很多事情，在成功替代之前及过渡期间会有很多问题影响到贸易的效率。2022 年 1 月我在清华大学服务经济与数字治理研究院举办的 2022 年年会上提出，要防止冷战式贸易格局的再现。说实在的，如果全球的支付体系或者支付通信系统滑入某种“冷战”格局，对各国来说，都是会有损失的。

如果要考虑用某种数字货币来替代当前某一种金融支付业务，道理也是一样的。要充分了解、论证新旧系统的功能、特点和优缺点，特别是在安全性、可靠性、效率、市场接受性方面。还要论证系统之间能否顺利切换及过渡过程中的各种问题，甚至是如何退回原系统。此外，是否易被黑客攻击以及是否易被利用于暗网交易也是必要的论证要素。

16. DC 在当前是否高度依赖区块链、DLT?[①]

在 DC 与区块链、DLT 发展的关系上，从目前来看，区块链和 DLT 可作为其中一种技术选项，但不一定是非其莫属。另外，在概念体系的建立中，一项技术发明或者一个体系建立都非常关心自身如何推广和应用，以便回收研发投入。但这是不是从需求角度最应该关切的，是需要加以研究和认定的。比如，区块链和 DLT 是去中心化的，是没有账户的，但去中心化是不是金融体系或者未来支付体系最关心的核心内容，是需要认真思考的，不能人云亦云。毕竟世界上有银行账户的人占 80%，但也还有 20% 的人没有银行账户。区块链和 DLT 作为一种选项，技术上也还需要待其进一步发展，包括提升并发处理速度（每秒交易量，TPS），应对洗钱（有不少匿名非法交易可能会钻这个空子），处理跨境支付问题，解决好货币政策所关切的问题。因此，数字货币的发展可能还是会多技术并行、优胜劣汰。特别是对大国经济来讲，如果轻易地靠某一种技术，而这种技术未来有可能被其他技术比下去，就会有很大的切换和更新换代的成本。

---

① 周小川 2020 年 9 月 23 日在 2020 中金数字经济论坛上的讲话："数字货币概念体系的形成与推进"；周小川 2020 年 11 月 27 日在北京大学"数字金融创新及其启示：中国及国际经验"研讨会上的发言："数字时代的中国支付体系现代化：DC/EP 与 e-CNY"。

有关区块链和 DLT 在数字人民币的应用上，我们希望 DLT 成为第二层运营体系中的一个技术选择，但该技术还在不断开发中。目前在人民银行的 DC/EP 项目中，DLT 不是一个主导性技术。我们还发现，DLT 的某些特征比如去中心化，在支付系统中也不是一个核心问题。区块链技术会消耗大量的算力和通信吞吐量，对于错误的纠正和反洗钱也缺乏比较好的解决方案。所以就目前而言，还可以再观察一段时间这些技术的发展情况。总之，当代技术发展确实非常快，在使用过程中要以用户的需求为中心来不断评估新技术，同时也要反对垄断，垄断有时候对下一步的新技术路线会形成阻碍。从零售支付系统的应用来讲，区块链和 DLT 目前还占不了主流。

17. 零售支付业务为什么需要加密？在何处及如何加密？[①]

有人把数字货币称为加密货币，究竟怎么加密？在哪个环节加密？货币交易，即支付交易中至少有三个环节是需要加密的。

第一个环节是资金究竟归谁所有。你拿钱去支付，你是否真正拥有这笔钱？当然拿现金的时候简单一点，就是这个钱是从你自己的钱包里掏出来的，而不是从别人的口袋里掏出来的。至于涉及其他的货币形式，比如说是基于 token 的货币或者是基于账户的货币，那么要么你需要有 token 的证明，要么你能够验证身份。Token 证明和密码都不能让别人知道，否则资金就会被盗用。

第二个环节是商户环节和收单环节。比如说在一般零售环节，你到商户去买东西，那么商户必然要收集你的信息，以便真正能够收到款项。过去比较常见的如信用卡，就是有一个 POS 机能看到卡号，能够和收单机构衔接起来进行验证，将来获得这笔钱。同时，还要防止商户拿了信用卡或者类似的数字支付工具进

① 周小川 2018 年 11 月 18 日在第九届财新峰会上的讲话：“如何全面看待数字货币和电子支付的发展”；周小川 2020 年 9 月 23 日在 2020 中金数字经济论坛上的讲话：“数字货币概念体系的形成与推进”；周小川 2021 年 5 月 22 日在 2021 清华五道口全球金融论坛上的发言：“数字货币和电子支付系统”。

行伪造。因为既然获得了这个信息，可能会去伪造，所以这中间也要有加密的环节。再者，也不能全面地收集和下载客户的信息，那样也会给诈骗提供基础。因此，在这个环节，也有加密的必要。

第三个环节就是通信环节。有各种各样的通信，常见的通信就是像信用卡的授权、账户的操作等。账户肯定不会在身边，可能在其他地方；要是 token，也在网上其他地方，中间需要通信。这个通信如果通过互联网而不是专用网的话，那必然有中间被截取的可能性，即便是专用网也有被截取的可能性。被截取以后应该是不可识别或者是非常难以识别的，因此其中需要有加密。

可以回顾一下历史，在这几个环节的加密都是不断改进的。比如说从磁条卡到 IC 卡，这中间都有很多加密的环节。这些加密环节也都在改进，而且这些环节的改进过程都是“道高一尺，魔高一丈”。意思是刚出一个加密方法，能破解的人肯定很少，时间长了就会有人破解，然后就需要升级换代。过去所谓通信传输方面的加密主要有 MD5 加密、对称性加密、非对称性加密三种方法。非对称性加密大家可能更熟悉，通过公钥和私钥进行加密。另外加密的程度，比如加密算法的复杂程度，用的密码位数能越多的话，被破译的可能性就越小。

那么是不是说到了区块链和 DLT，就像有人认为的，这个问题好像就可以彻底解决了？其实不是这样。因为它还是符合“道高一尺，魔高一丈”这种规律。比如像日本，很多比特币交易和其他加密货币交易聚集在那里，特别是 2017 年中国国内叫停代币交易后，转过去的也不少，之后就发生了加密货币丢失的现象。

再后来，又有像加州输油管道运营商（Colonial Pipeline）的勒索事件，要求用比特币支付。用比特币支付之后，表面上是匿名了、加密了，别人弄不到了，但是结果还有相当大的比例都追回来了，所以当局也还是有办法的。

当然还涉及一个问题，作为现代人，你若有好多个密码的话，就涉及密码保存的问题。就像是如果你有若干笔资金，放在区块链上不同的地方，相当于保险柜，但保险柜的钥匙保存和使用是个很大的问题，不仅要考虑保险柜是不是有漏洞被人攻击，还要考虑在使用和传递钥匙的时候别被人窃取或者复制，但没有像大公司一样把各个地方的财务都最后汇总到一个账户里。那么在这种情况下，就会涉及有大量的密码集中存放会更加危险和麻烦，虽然为了避免这个风险使用硬件或者冷钱包存储，但也保证不了绝对的安全，加密体系是数字货币赖以维系的主要支柱，但为了保证其发挥正常其实是有很多前提和条件的，密钥存储的安全就是其一，所以别认为这事可以一劳永逸。

总之，关于数字货币是加密的还是不加密的，理论上，有人会说某家货币是绝对安全的，但是现在看来做不到绝对安全，市场都是“道高一尺，魔高一丈”，都有可能受攻击。其实仔细观察电子支付和数字货币，几乎都是加密的，但是加密的环节不一样：有的加密在谁拥有这个货币环节，有的加密在支付环节，有的加密在通信传递环节。不可能都不加密，否则很容易受到攻击。

那么，很多过程都要加密，怎么加密也是一种竞争。其中一个问题就是，究竟是用国产的加密方法，还是用外国的加密方法？如果要求大家用国产密码，就必须用国产密码，要求达到互通性，就必须达到互通性，这个需要有一些外力。在这种局面下，我们要强调，要有机构（包括协会）能承担这种责任，使得过一段时间该升级换代的就升级换代，包括加密技术必须升级换代。

18. 支付业务是否会发生中断或差错？出了错如何处理？[①]

金融业务出差错在所难免，很难保证支付系统百分之百不出错。小概率会出错，出错以后究竟能不能纠正错误非常重要。比如说支付错了，能不能退款，能不能止损。支付系统都有账上找回来的做法，比如信用卡，发生支付错误后还可以更改，不仅是把原来那笔冲销，把多收的钱退回（charge back），而且原来那笔交易记录也必须更改或抹掉，否则那些信息可能会被误用，包括进入征信系统等。

再有一个是从性能上衡量风险控制的能力，即这个系统有多强的风险控制能力。有时候从技术开发的角度来说，非常希望能用一些技术，但是从金融系统的角度来说，出于对稳定性、风险控制、出错概率以及纠错能力的重视，可能比从技术角度来讲要求更高一些。

需要看到，区块链和 DLT，强调的是账本防篡改，只能纠正应用层，区块链底层只能增加操作，没有删除和修改，无法纠正区块链底层，这种做法就做不到纠正支付系统的错误。

① 周小川 2020 年 11 月 27 日在北京大学“数字金融创新及其启示：中国及国际经验”研讨会上的发言：“数字时代的中国支付体系现代化：DC/EP 与 e-CNY”；周小川 2021 年 5 月 22 日在 2021 清华五道口全球金融论坛上的发言：“数字货币和电子支付系统”。

19. 如何看待条件支付、自动支付等智能合约的技术基础和应用可能？[①]

我们知道，即便是经常项目可兑换，不同国家对经常项目的理解和具体的规定有时候也是不一样的。虽然说世界多数国家对于洗钱、恐怖融资、毒品、武器交易等是明令禁止的，但是，除此之外，不同国家对经常项目可兑换会有不同规定。比如，中国认为跨境赌博交易是不合规的，因此在执行过程中可以通过条件支付或者智能合约方式加以管控。另外也有一些模糊地带，比如说在境外购买个人健康保险或者是财产保险，几年前中国有关管理部门明确指出这不合规。从定义上来讲，有些交易在分类性质上并不是完全清晰的，如果在交易瞬间，可以对此进行条件审查，应该容易做到，因为有商户编码，另外也可在不同行业中设置单笔支付的限额标准。这些条件如今都是可以执行的，通过这些执行就可以控制合规性。

条件支付、自动支付还可以适用于信用卡附属卡。家里挣钱的人持有主卡，可能子女持有附属卡。子女有的出去上学，有的出去旅游，有时候需要对非成年人的消费进行分类限制，哪些不

---

① 周小川2020年12月13日在2020中国（深圳）金融科技全球峰会上的讲话：“IT发展如何促进支付体系现代化和跨境支付便利化”。

准接触，哪些不准支付，哪类支付由家里给他设置一定的限额。这些都可以通过条件支付来完成。其中一个很大的好处是，由于单笔交易金额往往比较小，比较容易判别是不是经常项目交易，同时也很难用很小的交易量累计起来去做不合规的事情，这种判别比以前容易多了。对于消费者来讲，由于不需要事前兑换，也不需要用不完而事后再兑换回来，因此他面临的汇率风险也就比较小了。

20. 随着 RTGS 可获新技术的支撑是否要全面推广 RTGS?[①]

我们知道，香港大力发展和应用实时全额结算系统[②]（Real-time Gross Settlement，RTGS）。香港金管局指定汇丰银行负责美元清算、渣打银行负责欧元清算、中银香港负责人民币清算，由它们承担起这方面的工作。从香港的时区来讲，香港和内地是一个时区，但是和美国、欧洲不是一个时区，所以跨时区的交收还是会有少量的汇率方面的风险，但是大商业银行掌控风险的能力还是比较强的，另外也有一些风险管理工具。应该说，在一天之内汇率变动的风险会是比较小的。在央行之间也可以有某种约定的安排。我这里要特别强调的是，尽管有新技术出现，可以支持 RTGS 升级，但也不一定事事要搞全额结算，RTGS 是一个实时的全额结算系统，其实有些业务是可以轧差以后再进行交割的，且更具优点和合理性。可以当天处理跨币种的交收与清算；如果汇率都比较稳定，也可以三五天、一个礼拜再处理。总之，安排这

① 周小川 2020 年 12 月 13 日在 2020 中国（深圳）金融科技全球峰会上的讲话："IT 发展如何促进支付体系现代化和跨境支付便利化"。

② 香港金管局要求每一个持牌银行（Licenced Bank）都必须在金管局开设结算账户进行港元实时全额结算，并于 2000 年、2003 年和 2007 年先后推出了美元、欧元和人民币 RTGS 系统。

样的交易，汇率风险是相对比较可控的，同时中央银行和大型商业银行利用风险管理工具以及利用保险的能力都是相对比较强的。

第三部分

数字货币的政策选择

21. DC涉及哪些政策选项?[①]

发展数字货币需要思考如下政策选项:

——中央银行能否替代商业银行?小国会率先遇到这个挑战,但中国这么大,央行从来不想替代商业银行,而是想和商业银行共同提供好金融服务。但确实存在商业银行被替代的问题,如果走向大一统银行,跟回归集中型计划经济的模式是相近的。为此,金融业可能面临很大挑战,实际上互联网公司也说过"要改革银行体系"。必须认识到,金融机构的雇员会越来越少,因为银行的用户界面在演变,前面说到储蓄网点是银行IT系统的用户界面,一开始大家还不习惯没有柜员的界面环境,但慢慢大家就会越来越多地使用终端设备,慢慢地有人的界面就变少了,所以银行裁员是必然的。但是,整个银行业生存的最终威胁是金融机构和客户的关系未来是什么样的,这是一个关键性挑战。

——新型数字货币是否支持货币政策对经济的总量调控及其传导机制?个别科技巨头可能会想,凭什么央行可以发行货币、制定基础利率?我是不是也可以?须知,尽管各国央行的历史与现状各有不同,但其目标和使命大致可描述为维护币值稳定和价格稳定、缓解经济与就业的周期波动、防止非专业和短期动机的

① 杨燕青,周徐.金融基础设施、科技创新与政策响应——周小川有关讲座汇编[M].北京:中国金融出版社,2019.

行政干预，以及维护金融体系稳定，并以稳定谋福祉等，其人员与组织构成对其使命予以支撑，并有立法保障，这也是近代文明的一个重要产物。至少目前来说，这与商业机构的目标和使命相去甚远，尚难相信轻易冲击这一文明能有好结果。

在货币政策传导机制上，现有的传导机制提供了通过总量和价格去控制通货膨胀、控制资产泡沫之间的执行渠道，不管效果怎么样，总还有这么一个调控系统。出现一项新科技，如果原来的调控传导渠道被完全冲破，无法工作并实现目标，但又没有新的调控系统，这时可能就会出大问题。

——数字货币价值的稳定选用何种准备金和托管机制？经历过比特币等加密货币的价值剧烈波动，人们倾向于100%备付金支持的稳定币。但需明确回答准备金的托管机制：是自己托管、银行托管，还是央行托管？准备金的量又是如何测度和监管的？发行机构对客户、托管机构对发行机构是否付息（及息率多少）？这关系到数字货币创设及发行机构的利益动机和利益安排，涉及是否真正做到100%备付以确保价值稳定，能否存在制衡、监督、纠错机制。须知，人们不轻易相信利益人自称的可靠性。

——以何种承诺和措施来实现消费者保护和隐私保护？新的数字货币或数字资产供应方应回答它们对消费者保护、投资者保护有什么样的承诺和措施，特别是不会演变成投机、赌博和“割韭菜”的机器，这也涉及其自身业务的动机。据观察，各种非法集资、诈骗性集资以及赌场的哄骗对象都是中国人比较多，什么原因呢？人民银行也有过一些分析，但都难以充分实证。但是，必须面对这样的问题：如果很容易在中国形成特别突发性的投机或者欺诈并损害消费者，那就必须要审慎。另外，他们打算如何运用、加工所获得的大数据？消费者是否知情，是否有拒绝或删除权?

——如何去执行微观合规性和稳定性的要求？如前所述，在动机上应是去落实了解你的客户（Know Your Customer，KYC）和反洗钱、反恐怖融资的合规性以及兑换、跨境交易的外汇管理条例要求，而不是设法绕过或避开这一类合规性要求，更不是利用自身优势（包括金钱）去游说给自己开绿灯。消费者和市场人士均不喜欢突然间听说违约、无力清偿、跑路、套现出境等机构自身稳定性出的问题。对此应给出必要的承诺和回答。须知，支付机构通过网络便利卷入赌博业、毒品交易等暗网业务，最终会伤害消费者及其自身，这已经有众多的案例，因此必须予以正面应对。

——跨境支付会不会影响金融稳定？金融稳定问题在一定程度上发生在新兴市场，我们看到新兴市场汇率贬值、资本外流，过去一段先从阿根廷开始，后来有土耳其、南非、印度、印度尼西亚、俄罗斯，不少国家都被波及，程度也不太一样。因此，如果有了跨境支付，对金融稳定的考虑又多了一个因素。

跨境支付可能还需要有全球的协调机构，但现在并没有一家全球的央行。各家央行，尤其是有的国家的央行，特别强调央行从立法角度就是为本国经济服务的，没有任何义务考虑政策溢出和对其他国家的影响。但实际上，自国际金融危机以来，大家都知道货币政策有溢出效应问题，全球需要协调。因此，如果实现跨境支付，电子支付和数字货币能够大幅提升效率，但需要研究的事情还是不少的，其中最终也涉及有没有全球性的权威机构或者全球央行之间进行协调，从而支撑跨境支付。此外，除了协调之外，还要防止一些其他方面的做法。比如，有些国家现在还比较喜欢使用金融制裁，制裁以后会对货币的结构、电子支付和数字货币的特性都产生影响。

22. 推行 DC 是否需要新的立法和国际标准？[①]

有人提出，搞数字货币当前必须要立法先行，要有国际标准。这个愿望当然是好的，但正如前面所说的，我们实际上不可能对还处于研发、创新过程中的数字货币，先验地把规划都搞清楚。

《中国人民银行法》规定，中国人民银行负责“发行人民币，管理人民币流通”，同时“维护支付、清算系统的正常运行”。该法还规定，人民币由人民银行统一印制、发行；如果人民银行要发行新版人民币，不管是硬币、纸币还是其他什么类型的货币，都要事先发公告；禁止伪造、变造人民币；任何单位和个人不得印制、发售代币票券。另外，人民银行负责回收、销毁残缺、污损的人民币并管理发行库和发行基金。所以，如果数字货币的研发产品属于人民币的一个种类，其实并没有规定说必须要先专门立法，不是说不立法就不能有数字人民币。因此，在冬奥会试点 e-CNY 并没有法律障碍，并不像有些人认为的存在法律障碍，不能搞。此外，从上述规定来看，如果第三方要发行货币或发售代

① 周小川 2022 年 4 月 16 日在 2022 清华五道口全球金融论坛上的发言：“关于数字货币的几个问题”。

币票券，按现行法律是不行的，必须先要有立法支持。这在一定程度上挡住了可以随便发行代币产品的现象，因为法律条文说任何单位和个人都不得印制、发售代币票券。当然，商业银行和第三方机构可能可以创造 M1 之类的"货币"，但它们首先要满足一系列高监管标准。而发行 M0，或者是以代币为基础的票券，目前是不可以的。

另外，从《中国人民银行法》可以看出，发行货币是主权事项，是各国自己的事，没说涉及国际标准。虽然人们希望国际组织能起到一定作用，特别是在跨境支付产品中起到引导和建立秩序的作用，但并没有法律上的要求，没说必须先有国际标准才能做。而且，现在也没有国际组织能够在这方面发挥此作用。从实践和展望上看，国际组织未来能发挥一定作用的可能是在跨境支付领域，但如果不涉及跨境支付，而仅是各国国内支付，其实用不着国际组织操太多心。另外，跨境支付涉及包括汇率、资本流动、美元化等在内的很多问题，对国际组织而言也是个大难题。所以对这个提法大家要有清晰的理解。

23. DC是否并如何影响货币政策（含推行负利率）？[①]

对于支付体系和数字货币，应该考虑对货币政策传导性的影响，这也是对金融稳定的一种考虑。因为货币政策传导机制是任何一个经济体宏观调控的重要渠道，如果货币政策缺少传导机制，宏观经济就会失调。现有的货币政策传导机制提供了通过总量和价格去控制通货膨胀、控制资产泡沫之间的执行渠道，不管效果怎么样，总还有这么一个调控系统。出现一项新科技，如果原来的调控传导渠道被完全冲破，无法工作并实现目标，但又没有新的调控系统，这时可能就会出大问题。

货币政策主要是控制社会总需求或者社会经济中的货币总量。按传统教科书的讲法，货币政策调控的主要原理是基础货币通过传导机制变成M1、M2，前者和后者中间有乘数的关系。那么基础货币（Monetary Base，MB）究竟是什么？从教科书上或者说基础理论上可以获知，MB是公众持有的央行货币，也就是我们现在所说的M0和存款准备金或类存款准备金。MB通过一些货币政策工具的传导，变成社会上以货币购买力表示的社会总需

---

① 杨燕青，周徐．金融基础设施、科技创新与政策响应——周小川有关讲座汇编［M］．北京：中国金融出版社，2019；周小川2020年9月23日在2020中金数字经济论坛上的讲话：“数字货币概念体系的形成与推进”。

求。随着走向现代化，现金的比例在逐步缩小，但是实际上一些类似现金的东西，不管统计上放不放在 M0 里，实际上也是 M0。因此，未来有数字货币，不管是什么类型的数字货币，它终究是基础货币的一部分，因此与货币政策肯定会有关系。那么这里就要研究，是数字货币本身作为基础货币会对货币政策的基础产生影响，还是由于传输途径变了，使货币乘数的规律跟过去不一样了。因此，还要从传输扩大，即乘数这个角度来研究对货币政策传导机制的影响。以上两个机制都会有影响，量大量小要根据具体数量来确定，也取决于数字货币的具体方案，取决于应用面的大小，取决于整个过程。

同时，在讨论数字货币对货币政策会不会有很大影响时，还有一个主要议题是在国际金融危机和本次疫情发展的背景下，在出现零利率或者零下界条件下的货币政策时，数字货币能否有利于零利率和负利率推行等问题。我们知道，零利率在国际金融危机中出现，这种情况未来还会发生。虽然货币政策进入零下限不是大家希望看到的事，但是有时候它会发生。因此，零下限和所谓零利率及负利率的货币政策传导机制，历来是货币金融学里非常受关注和给予大量研究的一个题目。那么在有数字货币的情况下，实际上就具备了实施零利率和负利率的可能性。

此外，对于不同技术的 DC/EP，中央银行必须研究并弄清楚，真正在外面的数字货币是多少，以便制定备付金政策并保持金融系统的稳定和信心，这样才不大会对货币政策传导机制造成影响。这个流通量并非像发纸币一样一目了然。纸币其实也是模糊的，比如银行印了纸币，有一些放到它们的仓库里，我们说纸币流通量和备付金的时候，银行库里的算不算？更需注意的是，货币分为 M0、M1、M2 等，M1 和 M2 也都是有某种支付能力的货币，是否也在不同程度上需要备付金的支撑？这是一个挑战，商业机构都希望节约资本、节约备付金，会有低报或低估的倾向。为此，需要准确测定、核算并建立托管规则，实现 100% 备付金来保持稳定，并校正激励机制。

在货币政策传导系统的有效性上，如果是多家竞争的局面，应该有一个像港元一样的体系：每发行 7.8 港元，要有 1 美元的备付证明书。但也不那么简单，香港在 2003 年前后对 1∶7.8 的固定汇率制进行了调整，港元可以在正负 500 个基点范围内浮动，如果撞线，香港金管局需要干预。也就是说，货币制度变化和货币政策传导机制也有联系。

24. 为何说 CBDC 不是央行的资产，而是负债？[①]

从专业角度讲，数字货币或者央行发行的钞票是央行的负债方，或者是发行人的负债方，它并不是一种武器。内行的人都知道央行需要怎样把自己的负债方管好，也就是要用正确的货币政策、稳定的金融服务、高效安全的金融基础设施等来支持保障这些货币的可用性、好用性以及价值稳定，不能出意外。这实际上是非常重的责任。

央行既然有负债方，也就会形成资产方。这些资产必须是安全可靠的、流动的、随时可变现的，而且都是和负债相对应的。如果这些资产被其他部门滥用，比如说用于地缘冲突，它实际上必然会影响到负债方的责任，会“搬起石头砸自己的脚”，自己把自己搞砸了。稳定币也是一样，也是发行者的负债，稳定币发行者也需要承担好自己的责任，管理好负债方和资产方。有一些人士对此不太熟悉，他们作的评论其实是有些离谱的。比如，一些国际论坛上，有人评论说，你们中国数字货币发展挺快，是将来了不起的武器，是你们的资产。真正从事央行工作的人都知道

① 周小川 2021 年 5 月 22 日在 2021 清华五道口全球金融论坛上的发言：“数字货币和电子支付系统”；周小川 2022 年 1 月 14 日在“中美高端闭门对话会”上的发言：“关注数字货币的研发与应用”。

货币发行是资产负债表的负债方，也就是说中央银行要通过制度保障、承诺和后援支持来保障央行发出去的货币有购买力，持币方到时候能用，所以这是一种负债。从这个角度来讲，想把它应用在其他方面并不是那么容易。

25. DC 是否一定会导致脱媒？如何设计和建设双层体系？[①]

信息技术的快速发展很可能对金融架构乃至经济体制造成冲击甚至变革，并由此引发了很多讨论。例如，金融体系是否会出现脱媒倾向，甚至传统金融中介是否会消失？从推理上看，既然成本降低了，数据也共享了，业务逻辑都已经集中统一了，特别是央行数字货币如占主导，自然会产生一系列问题：商业银行业务甚至商业银行存在的必要性是什么？如果银行账户由央行一家提供，没有商业银行做中介是否也可行？如果仍有商业银行，就需要有各种传导机制，出现类似货币政策传导等问题。对此，金融稳定理事会也提出了所谓脱媒的讨论。脱媒与信息系统、科技的演变和架构变化是有关系的。再进一步看，如果数字货币能够做成功，究竟是央行一家来做，还是央行通过商业银行来做？商业银行在中间究竟能起什么作用？这些都是需要考虑的新问题。

从数字货币概念的讨论进程看，国际金融组织或者央行界正逐步形成主流概念。早期注重的主要是关于比特币的讨论，央行

---

① 杨燕青，周徐．金融基础设施、科技创新与政策响应——周小川有关讲座汇编［M］．北京：中国金融出版社，2019；周小川 2020 年 9 月 23 日在 2020 中金数字经济论坛上的讲话："数字货币概念体系的形成与推进"；周小川 2021 年 6 月 30 日在俄罗斯中央银行国际金融年会上的讲话："关于中国 DC/EP 进展"。

比较集中的意见认为这是不稳定币或根本不是货币，所以随后就出现了稳定币的概念；再往后出现了 Libra，它是私人加密货币，因为担心会有意想不到的诸多问题，所以大家说不要私人数字货币，要央行的数字货币，故而在 DC（数字货币）前面加了 CB（央行），变成 CBDC。接着又有一部分人说可以发展单层央行数字货币（One Tier CBDC），但这可能会导致商业金融脱媒，出现事先不容易完全想到的风险，影响竞争性商业银行业务的作用；另一部分人开始拥戴双层体系的 CBDC，认为发展二层或多层数字货币可以鼓励包括商业银行和金融科技公司在内的商业机构发挥更大作用，通过竞争为电子支付和其他业务提供数字货币，但其仍应服从货币政策和货币政策传导框架。

中国最早在实践探索中明确提出了坚持双层体系，这是在数年的研发、与市场碰撞中磨合而来的。这当中一个很重要的考虑因素就是数字货币不应该导致金融脱媒。规模较小的经济体，比如欧洲一些人口在一两百万或者几百万的国家，它们可能可以有另外的选择，即央行直接提供商业性金融和支付服务。但是，作为拥有 14 亿人口的中国来讲，是需要搞双层体系的。双层体系的第二层相互之间的关系，是各自均可创新并互相竞争，并在未来实现业务方案的优化和趋同。但这是靠市场规律逐渐选择出的最优方案，而且这个最优方案也会随时间不断演进。在这个过程中，可能会出现一些关于方案应统一或互相通用的争议。人们认为一开始就实现统一和通用会更好，但多种实践表明，优化往往是实践中筛选出来的，往往是事后实现优化、统一的。同时，可以开放不同方案间的切换，通过切换和互通的办法促进通用性。此外，在双层体系的基础上，还可以对数字货币作出不同的分类，比如有的机构就将其分为直接型数字货币、混合型数字货币、中介型数字货币、间接和合成型数字货币。目前来看，多国已经把双层体系视作数字货币概念体系的重要组成部分。

26. DC 与电子支付（EP）是什么样的关系？币值能否保证稳定？①

中国人民银行和业界联合推行的所谓 DC/EP 研发计划，DC（Digital Currency）是数字货币，EP（Electronic Payment）是电子支付，中间是一个斜杠，意味着两者既可以是“和”的关系，也可以是“或”的关系。IT 是一个连续的发展，哪些是 EP，哪些是 DC，是不能明确分开的。整个支付系统的改进也是一砖一瓦连续累进的。也就是说，数字货币和电子支付并不需要对立起来，从术语的分类可以看到，实际上它们都是可以选择的，其目的都是实现支付体系的效率、低成本和安全可靠，而不是仅从某一个供给商的角度来说只有自己的技术才是最应该选择的、才算新技术。因此，这也是以一种鼓励多渠道研发、竞争，同时尽可能事先设计好后果可控的方式进行的研发。

我个人认为 DC/EP 实际上是一个项目计划，类似于发展数字货币或电子支付的一个工程项目，DC/EP 本身并不是个产品。在

---

① 周小川 2020 年 9 月 23 日在 2020 中金数字经济论坛上的讲话：“数字货币概念体系的形成与推进”；周小川 2018 年 11 月 18 日在第九届财新峰会上的讲话：“如何全面看待数字货币和电子支付的发展”；周小川 2021 年 6 月 30 日在俄罗斯中央银行国际金融年会上的讲话：“关于中国 DC/EP 进展”。

这个项目中，可以容纳若干个技术路线并行开发与试运行，是双层体系。第二层运营机构拥有数字人民币的所有权、相关技术和系统。央行通过准备金和资本充足率等手段来监管和保证数字人民币的币值稳定。如果某一种数字支付路线失败，第二层运营机构是要对数字人民币的购买力负责的。如果有挤兑风险，那将是对第二层运营银行的挤兑，而不是对央行的挤兑。第二层运营机构也要对用户数据和隐私的合规性负责，而支付的数据会在央行留存。

中国作为一个大经济体，可以容纳多种研发和运营方案共同竞争。央行的假设是，央行无法确认在某个特定场景下最优和可持续的技术路线。因此，作为一个拥有 14 亿人口的大国，我们的市场可以容纳多种技术路线。即使到今天，我们也无法确认哪种技术最优，因为科技发展在加速，也许两三年后会有更好的技术方案出现。所以我们希望建立一个 DC/EP 系统，能够适应这种技术演进。在这个项目中，我们也关注区块链和 DLT。但是目前看来，这些技术还在研发中，到具体的试点和应用还有一定的距离。

有人说目前人民银行 DC/EP 的技术路线选择的是 CBDC，我的理解是它并不是真正意义上的 CBDC。CBDC 这个概念之所以发展，主要是为了应对一些私人货币和像比特币一样的加密资产带来的挑战。CBDC 是 BIS 所选择的概念，它把 CBDC 分为单层 CBDC 和双层 CBDC。一般人首先的感觉是以 CB（中央银行）为主，也就是以第一层为主，比如瑞典试点的就是第一层的 CBDC，以第一层为主。中国国土面积比较大、人口最多，目前搞的是双层开发体系，并在双层中以第二层为主。

即使在 BIS 定义的双层 CBDC 当中，CB 起的作用也不一样。

一种是 CB 挑选由谁来开发 DC，也就是央行授权的 DC，DC 是 CB 的负债，央行是 CBDC 所有权的拥有者。还有一种是以第二层各机构为主体来开发、推行并不断改进 DC，这个 DC 通过一定机制获取央行的某种背书，实际上就是央行给予某种支持的 DC，但在资产负债表上仍是第二层机构的负债。具体支持措施包括百分之百支付准备金或者其他某种资本充足率来支持 DC 的支付能力，使其不会被挤兑。此外，BIS 认为央行所做的 CBDC 可以安排成批发与零售式的双层体系分工，CB 通常偏重于做批发或者在银行间提供交易工具，但从技术上讲，CBDC 也不是不可以用于零售。对于数字人民币来说，可以主要考虑把 CBDC 作为零售的后援，也就是如果某一种第二层次上的数字人民币出现缺陷或者停摆的话，也可以用 CBDC 对零售进行后援。

央行在 DC/EP 项目中扮演着监管和维护币值稳定的角色，重视清算结算基础设施建设。在不同的支付产品之间，央行可以做一些工作来促进它们之间的互联互通，提升产品之间的互操作性，让不同支付产品之间的切换更加方便。我们拥有几种支付产品，第二层运营机构提供互操作性强的产品来满足消费者和商家的便利性需求。不过，各种产品有时候在不同阶段不可能 100% 协调好之间的互操作性，会出现差异，但是如果这种差异是阶段性的，也是可以容忍的。另外，央行准备了应急和替代方案，以保证如果某个运营机构停摆，整个支付系统还能正常运作。最后，央行不会特别地去选择某种 CBDC，这和 BIS 与几家央行联合发布的报告[①]里提出的有所不同，可以允许第二层机构创造某

① 参见国际清算银行（BIS）、美联储、欧洲央行、日本银行、英格兰银行、加拿大银行、瑞士国家银行、瑞典央行共同发布的报告《央行数字货币：基本原则与核心特征》（*Central Bank Digital Currencies: Foundational Principles and Core Features*），2020 年 10 月。

种受央行监管的DC，而从资产负债表的意义上看不是纯粹的CB-DC。

总之，DC/EP是一个双层的研发与试点项目计划，并不是一个支付产品。当然这只是我的理解，可能有人会有不同的理解，但这也没有关系，因为对这些科技创新的东西大家总会有不同的理解。也就是说，DC/EP项目计划里可能包含着若干种可以尝试并推广的支付产品。这些产品最后起的名字是e-CNY，CNY指的是人民币。

27. 为何 DC/EP 强调零售支付?[①]

数字货币从全球角度来看有很多不同的侧重点，有的侧重对零售系统效能的提高，有的重视批发交易，也有的注重交易所和金融市场的交易，可不可以采取新的支付和结算体系？有人说全球有那么多贸易，包括国际商品贸易和服务贸易，这些商品和服务贸易是否能更方便？脸书最开始推 Libra 的时候，觉得跨境汇款不方便，能不能提高跨境汇款的方便性？也有个别人提到跨境投资的方便性。所以，多个领域都可能有发展的前景，我想说一下我们究竟应该注重什么领域。

从批发支付的角度，现在有某些央行要搞 CBDC，就是主要面向批发系统。多数老百姓和非金融系统的人，对于支付系统的批发环节是不太了解的，并不知道背后有清算系统，不知道它支付背后的结算是怎么工作的；也不太知道这个系统目前是不是效能比较差、是不是总出错、是不是成本过高、是不是向银行多收费、是不是收的这些费用间接地转嫁给银行的其他客户。

再来看交易所的支付结算。虽然交易所整个系统，包括所谓价格优先、时间优先的排队自动撮合系统，以及后面的证券登记和交割的系统也有不少成本，但是在这方面升级换代的呼声并不

① 周小川 2021 年 5 月 22 日在 2021 清华五道口全球金融论坛上的发言：“数字货币和电子支付系统”。

高，如果大家希望降低交易成本的话，可能更多的是呼吁减少印花税，印花税比技术系统的成本更受到关注。另外，也不是交易结算越快越好，这么多年大家都在讨论是不是交易所技术系统有能力可以提供T+0，可以当日回转交易，可以更多地提供高频交易。但实际上市场人士的讨论，对此也提出一定的怀疑和挑战，并非越快越好。

再看一下国际贸易。国际贸易实际上是跨境支付里最主要的应用领域，包括商品贸易和服务贸易。但是有的人很容易觉得国际贸易能不能就像我们老百姓去商店买东西的时候，看好的东西一手交钱一手交货，直接这么做就行了。实际上国际贸易绝大多数情况下都是有一定批量的，涉及比这个复杂得多的一种过程。国际贸易中的商品，除了散货以外多数都是集装箱，一个集装箱装很多东西，涉及品种、规格等很多信息都需要在合同中加以规定，事先要做很多沟通。更主要的是涉及运输仓储和保险，运输环节究竟是怎么样的，会不会有风险，会不会有损失，仓储环节怎么样，会不会东西放到里头坏了，都导致进一步的一系列服务，而且会涉及金融。从支付角度来讲，跨境支付涉及汇率，涉及币种选择。除此之外，由于出口商还需要有贸易融资，货发出去了等对方收到并验货后付款，这段时间里下一步生产已经开始，所以需要贸易融资，贸易融资过去典型的一个工具就是信用证融资，信用证开立以后，下一轮生产就可以找银行借钱。这种金融服务也必然要作为国际贸易的一个重要成分。此外，有相当多的中小企业在做国际贸易，它们跨着国家、有的时候跨着大洲，相互之间也不怎么认识。有的人虽然认识但不知根知底，所以必然需要找一家银行，在A国找一家自己熟悉的银行，它开户的银行，在 B 国也找一家它熟悉的银行，银行之间建立了代理行关系，代理行关系除了进行付款以外，实际上是建立一种信任关系，帮助企业之间建立信任的关系。

再有一个就是汇款。跨境汇款成本其实有高有低，有一些银行在特定的跨境汇款中收费确实太高了。脸书抓到了跨境汇款的热点，所以提出用 Libra 做跨境汇款。而且，它知道很多国家会担心美元化，为了让更多的国家接受，所以用一篮子货币。结果它没想到一篮子货币国际上讨论过很多年，大家都想方设法从各个角度看国际货币体系怎么改进，但未形成共识和行动，所以这并不是一件很简单的事。尝试了一年以后发现一篮子货币很难做到，就从 Libra 改为 Diem 了，只挂钩美元。跨境汇款既有技术方面的难度，更有政策方面的难度，特别是涉及跨境劳工向家里汇款的，涉及发达国家和发展中国家各自的外汇制度的不同。至于发达国家之间的相互汇款，尽管有美元、日元、欧元等多币种，相对来讲效率比较高，成本也不算高，但是汇款到某些发展中国家则成本比较高，时间延迟也比较多。

中国是现金用得比较多的社会，中国把 DC/EP 的研发重点放在零售环节，希望借助互联网和移动互联网终端给大家提供更大的日常方便。而且零售支付是做好跨境支付的重要基础。数字货币的清算体系注重哪方面的应用，要看具体应用领域中的当前系统和理想系统（新的可能的系统）之间的差距。台阶大的才有动力升级换代，台阶小的可能因为没有足够的增量被给予特别重视或提前考虑。

此外，对于究竟特别看重零售支付还是批发支付的问题，我个人的看法是，零售支付在数字技术、互联网技术的发展下，改进的空间比较明显，也就是可以比较明显地提高效率、降低成本，提供更大的便利性，而批发支付其实也有改进的余地，但空间显得没有那么大。另外，应该说金融界搞了这么多年的基础设施，在批发支付方面，基础设施总体来讲还是不错的，所以平常很少会听到社会上有抱怨说支付效率不高希望改进什么的。

28. 为何要强调 e-CNY 定位于 M0?[①]

如何理解中国央行所强调的数字货币 e-CNY（数字人民币）定位于 M0？也有人质疑这一定位。人民银行领导已经就这个问题作了清楚的阐述，我在这里仅再作一点补充。

首先，人民银行强调研发数字货币是为了替代一部分现行纸钞，也就是 M0，这表明是想把应用的重点放在零售环节，特别是借助互联网和移动互联网终端给大家提供更大的方便。

其次，人民银行作为一个很大的机构，像商业银行一样，其内部不同的业务由不同的部门管理，比如对 M0 和 M1 的管理会分属不同部门，研发费用、试点费用从哪儿出，也是分别管理的。明晰数字货币替代 M0 的定位避免了各部门之间打乱仗，工作就容易推进了。这也是一个原因。举个例子说，人们到银行换外汇，会看两个不同的牌价，一个是钞，另一个是汇，这两个价格不一样，说明 M0 和 M1 在换汇时的汇率及其规则不一样，在管理上是有区别的。

最后，从改进空间看，虽然说随着科技的进展，任何业务在提高效率、降低成本、增加安全性、提升纠错能力等许多方面都存在提高的空间，但客观来说，当前央行和金融体系中 M1 的运

---

① 周小川 2022 年 4 月 16 日在 2022 清华五道口全球金融论坛上的发言：“关于数字货币的几个问题”。

行是比较正常的，改进空间似乎不是那么显著。因此，要尽量避免造成这样一种冲击，即提出替代 M1 会造成一种误解，让人们觉得当前 M1 系统不太好用，未来 M1 的管理会完全改变，需要替代。

在数字货币最早发展之中，涉及数字货币概念时，国际上曾经分了两大类：一类是 Token-based，即以代币为基础，不用开设账户；另一类是 Account-based，即以账户为基础，对账户进行实时处理。我个人以为，其实还可以加上一种类似支票的，也就是以支付指令为基础，即先给出支付指令，但真正的支付行为是在其后定时轧差处理完成的。这种支付指令有点像欧美一些国家的做法，这些国家过去支票比较发达，个人买东西签支票就行，就算进行支付了，但实际上这只是个支付指令，后面还有其他一些工作需要完成，而且这些工作还不简单，处理上实时或不实时各有利弊，必须都完成了才算得上真正完成了支付交易。这涉及支付指令、结算、清算几者间的关系和技术选择，信息科技发展使得 RTGS 变得越发可行，但也不见得在各应用场景中都要用 RTGS。当然，这还涉及支票账户。在美国，支票账户是 M0，是现金（cash），过去很多年同纸币一样，不付息，是个接近纸币的可支付账户。但在中国，M0 指的是流通中的现金，银行支付账户、支付宝等第三方支付账户中的资金都是 M1。所以这当中也包含了对 M0、M1 理解的不同，因此 M0、M1 中间的区分还有不少问题值得探讨。

另外，在发展数字货币早期，并没有打算特别急于替代金融市场交易的支付，如股票市场、债券市场、外汇市场等。当时也有人提出，可以采用以区块链为基础的数字货币来替代这些金融市场的交易，将支付、结算、清算合为一体实现 RTGS。这容易引起研发重点方面的考虑，比如是否意味着现行交易系统低效、过时，是否意味着要换成 RTGS，会不会对现行系统造成某种冲击和混乱等。因此，将 e-CNY 聚焦于替代 M0 是有多方面观察和分析的。

事实上，M0 和 M1 之间并不是隔绝和截然分开的，二者之间是有管道的。大家知道，银行账户里资金（M1）如果合规使用，就可以提出来成为现金 M0，特别是居民。因此，在一定条件下，M0 和 M1 中间有个管道连通，近似等价，不会出现 M0 是央行货币就高度稳定、M1 不是央行货币就不稳定的情况。

29. 可否加快投放 e-CNY，特别是跨境投放？[①]

有人提出，中央银行，特别是中国人民银行，是否应该加快并更多地发行数字货币，尤其是跨境的数字货币？这也与当前出现的地缘冲突相关，因而希望数字货币能在这种情况下起到一定作用。怎么看待这个问题呢？还是主要从应用方面去考虑。

货币印多少或许可以根据自己的愿望来掌握，但能否出去流通则取决于应用，取决于人们是不是肯用这个货币，以及用的量有多大。有很多人不了解人民银行纸币的生产和管理过程，以为印钞机印完了就可以用了，其实不然。纸币印完后先都堆放在大仓库中，然后通过运输、调配分到人民银行各个分支机构的现金库，再由商业银行根据需求来领取，最后进入流通环节。商业银行领取或不领取则是看它们的 M1 供求差，这个 M1 供求差一般称为存贷差，但更严格说来，应该是现金存入和现金领出的差额。只有领出大于存入的时候才会导致现金流入社会，否则这些现金就在商业银行或者人民银行的库里放着，就出不去。每年现金出去最多的是什么时节呢？就是春节前。过去，很多人要带现金回

① 周小川 2022 年 4 月 16 日在 2022 清华五道口全球金融论坛上的发言："关于数字货币的几个问题"。

家过年，但现在这种情况也减少了。一过完春节，这些现金大部分又被存回银行，大量地回笼到商业银行，导致商业银行现金积压太多，就又退回到中央银行发行库。当然，在此过程中，还包含对残缺货币的处理等。总之，中央银行必须使发行的货币真正在市场上，特别是在零售市场上要有被运用的需求，只有市场对货币有需求中央银行才发得出去，不是说印了就能发出去的。

此外，M0 和其他支付工具之间存在替代或竞争关系。如果其他转账型支付工具用得好，对 M0 需求就会下降。比如说，如果贷记卡和借记卡用得多，M0 需求就会下降。再比如，现在开发的第三方支付钱包多数是账户式钱包，里面并没有真正放入货币现金，如果这种第三方支付用得好，大家也就觉得不用拿那么多现金，所以有着替代关系。

如前所述，央行发行的货币是央行的负债。在国际会议讨论时，一些人常说，你们中国数字货币发展挺快，是你们优质的资产，将来是了不起的武器。这是会计上没搞明白，真正懂行的人都知道，货币发行是处在央行资产负债表的负债方，也就是说中央银行要通过制度、保障、承诺以及后援支持等来保障自己发行的货币有购买力，到用的时候能用且好用，所以是一种负债。因此从这个角度来讲，想把数字货币应用在其他某些方面并不那么容易。

另外还有一种情况，国家可以赋予货币强制性的命令，比如什么样的交易必须用本国货币，这可能会使这些货币的地位有所提升，但也有可能只不过是走一个过场。也就是说，如果政府一定要求某类交易必须用某种货币，而实际上交易双方并不喜欢这种货币的话，往往是，临交易前买方才兑换成这种货币，交易完成后，收款方担心这种货币不牢靠，又马上兑换成别的货币，所以最后这种货币可能就只是一个走过场的过手中介。我们边贸中就发生过这样的现象。我们鼓励在边贸中使用本币结算，既可以用对方货币，也可以用人民币，但有的地方就是人民币好用，对方货币不好用。但对方货币也不是没有交易，只不过商户在收了对方货币以后，不管是M0形式还是M1形式，都争取当天下班前送回银行，银行也争取在下班以后再加班把货币转到对方国家去，不保留这种货币的头寸。为什么呢？一般来说是担心汇率风险，但也有不少是因为上级行要求不准保留对方货币的头寸。也就是说，发展数字货币需要注重它的真实应用，不是说强制某类交易必须使用某类货币，就会真正起作用。从普通民众的角度来讲，最终还是要看民众是否愿意把这种货币放在钱包里，今天用也行，明天用也行，收了钱后（不管是纸质的还是数字的）并不着急还给银行，这其实是一个很大的考验。数字货币是否变得流行，也是这个道理，这也有助于理解数字货币成功与否的一大基础在于零售应用。

30. DC/EP 发展计划如何处理与商业银行、第三方支付机构的关系？①

中国在 2015 年和 2016 年提出关于支付体系和数字货币的设想时，就在国际上开始讲要保持双层体系，那时候还不太流行，现在很多人都在用双层体系这一提法了。所谓双层体系，中央银行在第一层，第二层可以有商业银行、电信运营商和第三方支付网络平台公司，目前中国已经开始运行的有工行、农行、中行、建行、交行、邮储银行和招行七家银行，两家互联网银行［蚂蚁的网商银行（支付宝）和腾讯的微众银行（微信支付）］和中国移动、中国电信、中国联通三家电信运营商。

事实上，第二层机构的动力很足，它们知道在这方面会有很大的发展机会，特别是在获得客户和业务方面。但它们也应该承担比较大的责任。第一，它们要有适当的资本，以便减少风险。经历过的人都知道，支付体系有时也会出现风险，而且有可能来得很猛烈。第二，它们需要了解自己的客户（KYC），成为反洗钱的主体。第三，它们在保护客户隐私方面也有非常大的责任。

① 周小川 2020 年 10 月 27 日在匈牙利央行举办的欧亚论坛上的主旨讲话："DC/EP & e-CNY: Digitalization of China's Payments System in the Digital Age"；周小川 2020 年 11 月 27 日在北京大学"数字金融创新及其启示：中国及国际经验"研讨会上的发言："数字时代的中国支付体系现代化：DC/EP 与 e-CNY"。

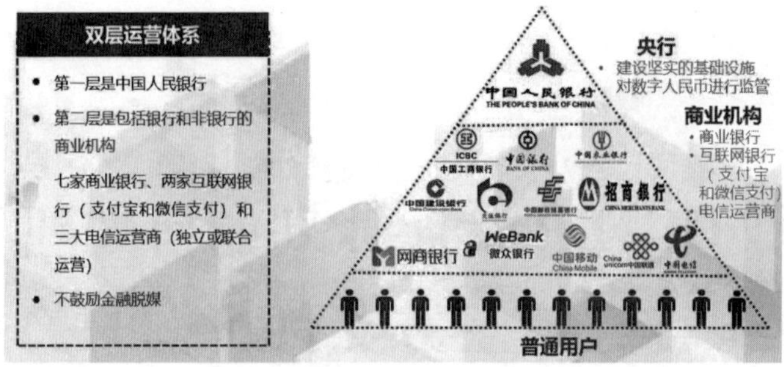

DC/EP 双层运营体系

如果在这方面出了问题产生诉讼，那被诉方会是这些第二层机构。此外，它们在技术方面需要较大的投入，包括设备投入、运行保养等。当然，这期间会有讨价还价，第二层机构希望好处多获得一些，责任少承担一些。央行作为第一层，也会告诉它们，你们必须承担这些责任，少不了。

在讨论过程中，我一个同事形象地给我提出一个看法：商业银行发行数字货币，好像是发了个信封，不同银行设计的信封可能不一样，对信封的处理手段和防伪等各方面可以有所不同，但本质上信封里装的都是央行的货币。这个比喻很有意思。但我理解也可以有不同的安排，这个信封里装的可以是央行货币，可以是央行的备付证明书，也可以是央行的安慰函，其保证程度是不一样的（如果保证程度低一点，还可能对银行提出资本充足率、流动性等高要求；这些监管方面的要求如果够高的话，出问题的可能性是很小的）。当然，这个信封里也可以放它自己设计的支付产品。总之，各种方法都要保持货币的稳定性和有效性，第一责任人可以放在第二层机构。

另外，有议论说人民银行推动的 DC/EP 和 e-CNY 是想取代现在第三方支付的角色，我觉得这也是一种妄议。中国人民银行明确地说DC/EP的计划是一种双层系统，而且整个研发是由人民银行组织，由主要商业银行，包括工行、农行、中行、建行等，还有电信营运商和几大第三方支付机构共同参与，都是在它们以往工作的基础上，瞄向升级换代的新台阶。大家都是在一条船上，当然在一条船上的人有时候也有不同意见，有时候也可能在有些问题上有争议，但毕竟是在一条船上。并不像有些人讲的好像是一种内斗、谁会取代谁。

我曾看过一部电影，讲的是打排球的故事。我想举个例子。排球要想加大进攻和扣球的力度，运动员就需要练肌肉。边上可能有人看到这个训练以后就开始说风凉话了，说“你肌肉练得是不错，但是你不管怎么练要想参加举重比赛拿名次，门都没有”。球队说我们根本就没打算去参加举重比赛，别拿这种根本不着边的事来说风凉话。另外，现在排球的打法都是越来越重视后排进攻，三米线以外起跳。训练后排进攻的时候就会有人说，教练和二传手有意贬低二号位和四号位选手的进攻，只着重练后排进攻。这种挑拨也没有什么意义，因为一个队里实际上大家都希望一传好的时候，都有进攻得分的机会，而且排球比赛经常评最佳扣球手，给谁机会多得分就多，所以内部有时候会有一些争执，这是很正常的，但毕竟他们是一个队，大家要合作共同获得胜利。

31. 商业机构可否发行稳定币？[①]

人民银行提出新一代数字货币应该有充足的支付准备，并以香港的发钞体系为例。香港由汇丰、渣打、中银三家银行负责港元发行，发钞时要求必须有百分之百的备付保证金。在国内涉及第三方支付系统时，人民银行也提出了备付保证金的要求。后来备付保证金这个概念的提出与讨论就逐渐演变为对稳定币的讨论。

稳定币不能自诩稳定。尽管它们很希望稳定，但在不同的情形下，特别是在压力下，它们是否稳定取决于其能力以及公众对它们的信心，后者在很大程度上有赖于中央银行以及监管机构。唯有稳定币得到央行和监管机构的支持，它们才可能更为稳定，才能成为真正的稳定币。

在这里，我想有几个举措很重要。

第一，稳定币发行者必须要有准备金。很多人希望看到货币发行有 100% 的准备金。这需要央行测算出稳定币的总流通量是多少。基于这些数据，央行可以提出如何计算 100% 的准备金。

第二，资本充足率。需要向稳定币发行者提出高水平的资本

---

① 周小川 2020 年 9 月 23 日在 2020 中金数字经济论坛上的讲话："数字货币概念体系的形成与推进"；周小川 2021 年 6 月 30 日在俄罗斯中央银行国际金融年会上的讲话："关于中国 DC/EP 进展"。

充足率要求，来应对流动性问题和压力情形。

第三，发行机构不仅应财务健康，在其他方面也必须健康。也就是说，必须遵守现有监管规则，置身于监管者的密切监管之下。

第四，可分离性原则。稳定币发行者不应把自己的支付业务与其他商业业务绑定在一起。否则当其他业务发生风险时，也会危害到稳定币的稳定和公众信心。

第五，必须遵从现有监管。比如，必须要有执照，符合透明度标准，并且不能使用风险投资资金或 IPO 资金补贴支付业务。它们必须视自己为公共服务提供者，而不是私人企业。

从这个角度来看，我们可以发现稳定币与 CBDC 之间的区别并没有那么大。CBDC 是央行资产负债表上的直接负债，而稳定币是发行机构资产负债表上的负债。然而，如果稳定币获得央行的支撑和监管，就意味着央行可能要有很大比例的表外负债来支撑稳定币的价值，实际上是一种间接负债的央行数字货币。因此，双方可能仍有一些区别，但没有那么大。

关于央行货币与商业银行存款账户或其他账户中的货币，有人认为央行货币是法币，商业银行货币是私人货币。我并不这么认为。就像前文提到的，商业银行是在央行的支撑和监管下，资本充足率要求很高。实际上会计系统中的商业银行货币与央行货币十分接近。它们破产的可能性很小，不稳定性概率很低。我们也不能说央行货币就是 100% 稳定的。央行有时也会犯错或者失误，会导致更高的通胀。这意味着，在购买力方面央行货币也不是 100% 稳定。不管怎样，为了币值稳定和支付体系高效，央行从效率、安全以及宏观审慎能力角度还有事情可做。

32. 如何区分、评价 CBDC、M1 及稳定币的稳定性和可用性？①

这里的 CBDC 是指央行数字货币，M1 是指商业银行账户中的存放资金（一年期以内），稳定币是指第三方机构创造的有准备金支撑的货币。

对于稳定性问题，最好不要用二进制思维来考虑，即不要认为非 1 即 0，要么稳定、要么不稳定。实际上，稳定性可能是个连续指标，也就是说，可能有一些货币会非常稳定，稳定程度接近 1；也有一些不太稳定或者不稳定，稳定程度接近 0。当然可能还有一些货币（不管是现有的还是仍在设计之中的）稳定程度居于上述二者之间，即稳定程度处于 0 和 1 之间。

有人认为，央行的货币就是稳定的，央行发行的 M0 具有 100% 稳定程度；商业银行账户里的 M1 属于商业性货币，因而不具有 100% 的稳定性。实际上这个说法可能存在一定问题，值得质疑，而且也容易引起一些信任上的混乱。首先，商业银行货币即它账户里的存放资金还是具有相当高的稳定度的，当然也不一定是 100% 稳定。虽然有的商业银行可能会出问题，甚至破产，

① 周小川 2022 年 4 月 16 日在 2022 清华五道口全球金融论坛上的发言："关于数字货币的几个问题"。

导致客户存在银行账户里的资金无法取出，但总体上这属于少数极个别现象。其次，拿央行货币作为稳定性参照坐标不见得合理，世界上有个别央行运作失败或受到不当干预，出现通胀失控、本币贬值，就是央行货币不稳定的实例。商业银行货币的稳定性究竟该如何衡量？一种方法是找一个可靠的参照指标。一种选择是拿本国央行的纸币来做参照，二者是不是 100% 等价？这涉及央行货币本身不见得是真正意义上的 100% 稳定，其是否稳定还要看购买力。另一种选择是从 SDR、美元、大宗商品组合等当中选一个作为参照系。所以说，存在着不同的稳定参照系，不见得拿本国央行货币作为参照系就最合理。最后，在某种情况下 M0 也可以由商业银行发行。最为典型的例子就是中国香港。香港过去在英国殖民统治时就有汇丰、渣打两家发钞行，1997 年香港回归之后又增加了中银香港作为发钞行，这三家都是商业银行。作为发钞行，对它们的要求是非常高的，可以说三家商业银行发行的港元也是高度稳定的。三家发钞行发行的钞票几乎是完全通用的，当然，技术上也不见得要达到 100% 通用，特别是极端特殊情况下。总体来讲，它们都是高度稳定的。

为什么商业银行货币 M1 可以做到高度稳定？如果第三方机构想发行货币，无论是什么类型、什么技术基础，是否能保证稳定呢？这就首先要看发行机构是否达到了高标准。事实上，任何健康的经济体对商业银行的要求都是相当高的。如果是要委任为发钞行，则要求会更加严苛。有哪几条呢？具体来说可能有很多条，这里列举其中的五条。

第一，够高的商业银行资本充足率。2008 年国际金融危机以后，全球监管体系又提出了资本质量的概念，即除了要有资本外，资本的质量还得高。什么是资本的质量？就是资本必须要有足够的吸收损失的能力，否则就不是高质量的资本。此外，对商业银行还有一些辅助的安全性指标，如杠杆率、净稳定融资比率（NSFR）等。高质量的大银行，特别是国际上的系统重要性银行（G-SIBs），还要满足总损失吸收能力（TLAC）等更高的要求。

第二，有各类准备金要求。首先是存款准备金，各央行在不同时期对存款准备金的要求不同，有高有低，具有调节作用。其次是清算准备金，这是参加央行清算系统的需要。最后还有呆坏账准备金，用作损失的拨备。此外，央行还会给这些最重要的银行以临时的透支额度，也就是说，如果这些银行在参加清算时出现了临时问题，是可以找央行借“钱”的，这种情况很少发生，很多人对此比较生疏了。不过，在国际金融危机以后，对衍生品交易要求引入中央对手方（CCP）清算机制，明确它们应该在央行开有账户，必要时可以得到央行的流动性支持。

第三，有存款保险机制并要求吸收存款的机构参加存款保险。这样保证了在银行清盘的时候存款能够得到偿付。中国的存款保险机制规定，50 万元以下的存款能得到全额偿付。此外，在国际金融危机以后又增加了自救安排（bail-in facility），如塞浦路斯发生金融危机后，就要求大额存款必须转为银行股权。此外，对于发生大量国际交易往来的银行，需要从国内支付能力扩展为国际支付能力，而国际支付能力就要依靠央行的外汇储备提供国际支付的保障和克服汇率不当波动的不稳定性。

第四，有强有力的监管。监管对资产负债表的资产方和负债方质量都有明确的要求，比如对资产方有风险权重的详尽安排。一些银行想依靠自己的内部评级来确定资产风险权重，为此巴塞尔协议Ⅲ框架也制定了资本下限要求（output floor），也就是资产风险权数通过内部模型法（internal model）和标准法（standard approach）两种计算方法得到的结果不能差得太离谱，是有底线的。此外，还有透明度、压力测试等多项监管要求。这些保证了银行的质量。

第五，有良好的公司治理。这些银行必须要有制衡的结构，队伍要够专业，有合格的内审和外审，对高管则有更严的要求。前一段时间我国爆出的一些治理出问题的机构往往都是由一个人说了算，这样的公司治理是有很大问题的。

正是在这样的条件下，商业银行的 M1 具有高度接近中央银行货币的特征，因此不能说，M1 是商业银行创造的货币，因而是不稳定的。

第三方机构如果想创新货币并参与数字货币或者支付系统，那么它必须要在不同程度上向高标准靠拢，不能要小聪明，不能借口“那些标准都太高了，成本也太高”，因而想方设法去躲避；也不要一味强调“我们作为科技公司，不能按你们的标准来”。事实上，如果脱离了这些标准，货币与支付系统的稳定性可能就有问题，除了影响第三方机构自身的稳定性外，还可能对整个经济系统的稳定性带来冲击。此外，也不容易得到广大用户的充分信任。

当前有很多创新尝试都是面向稳定币的，其源头是校正最开始出现的比特币之类的非稳定币（这里应强调有些所谓的“币”不见得真的是货币，而被认为是数字资产），2019 年出现了 Libra 设想，最开始也没想以哪个参照系为对照。后来的创新者则倾向于以币值稳定为基本特征，但实际上，币值稳定不是自称的，不是自己说稳定就稳定了，而是要看其背后是不是真有什么东西在支持和保障其稳定性。比如说，有的币号称有100%的准备金，是不是真的有准备金？如果有的话，那存放在谁那儿了？有没有人给出证明？有没有人核实审计过？从发行机构的资产负债表来看，这些发行的币处于负债方，那么其对应的资产方到底如何摆放？有没有人想使用它，比如用于买国债？如果资产方有运用的时候，资产方的安全性怎么样，流动性如何？这些都是需要回答的问题。另外，发行者是想服从严格的监管，还是千方百计设法绕过监管？有没有考虑过在恶劣情况下进行压力测试？现实生活中，一些机构有了某些创新想法，但因为实力薄弱，往往避重就轻，拿非常顺利的条件说事，强调自己这个功能可以用了，用得挺好等，但做没做困难条件下的压力测试？另外，业务出了差错怎么办？出了错是否具有高透明度以便后续改进？这些都是要事先考虑的。当前随着IT的发展，许多FinTech和BigTech公司也是会出差错的，但如果出了错以后，总是用钱掩盖，特别是有些公司估值很高，手里有大把资金，一出错就设法拿钱盖住，对外也不说。其实技术出错并不可怕，关键是怎么设法改进技术。

总之，是不是稳定币不是自称的，是要有一系列条件、考核、保障的。现有体系对商业银行的要求是相当高的，因此不要轻易动摇对商业银行账户资金M1的信任。应该说，BigTech公司和FinTech公司是很有前途的，在支付业有很大的前景，但要讲究诚信，提高自己的质量，向高标准看齐。如果想做大做强，要求就会更高，不要耍小聪明。

第四部分

数字人民币的研发与试点

33. 如何观察和理解中国 DC/EP 的发展进程？[①]

我简单回顾一下中国数字货币和支付体系现代化的进程。2012 年前，第三方支付，特别是利用数字和网络的第三方支付已经起步发展，但那时没人管，也没人协调，后来讨论要求人民银行把此事管起来，所以人民银行就开始发放第三方支付牌照，第一张牌照给了支付宝。2014 年人民银行开始做数字货币项目，成立了项目组，但当时的技术方向还不明确，既介绍了区块链技术，也介绍了其他方面的可能性。2016 年，人民银行成立了数字货币研究所，用的是过去纸币的印制科学技术研究所的壳子，因为要设立一个机构还需要有编制，这也表明从那时以后就会停止下一代纸币的设计工作。

从 2017 年开始，人民银行开始进行数字人民币研发，当时已经察觉到，数字资产交易存在一些问题，一定不要把数字人民币/电子支付体系（也就是 DC/EP）与数字资产交易混在一起。所以在 2017 年，人民银行叫停了 ICO 和比特币国内交易。2019 年，宣布开始数字人民币试点，进行封闭测试。2020 年，“4 + 1”

---

① 周小川 2020 年 11 月 27 日在北京大学“数字金融创新及其启示：中国及国际经验”研讨会上的发言：“数字时代的中国支付体系现代化：DC/EP 与 e-CNY”。

（四个地方城市＋2022 年冬奥会）的试点开始推进。当时在布达佩斯欧亚合作会议上，我列了一下四个试点城市的人口数，深圳是1340 万人，苏州是 1075 万人，雄安小一点，成都是 1650 万人，“＋1”指的是冬奥会，是想说明，对中国来讲是四个城市，但就人口规模而言，都相当于中等欧洲国家。

现在 DC/EP 的主要技术方案，一个是以账户为基础的电子钱包，在商户那里使用的是二维码（二维码也在不断地升级换代，出现标准化，在提高防伪方面出现动态二维码等），但要认识到，二维码本身的技术含量不算高，所以有人说二维码迟早会退出舞台，而且可能不会等太久，不过当前它还是一个普遍应用的技术。另一个是 NFC（近场通信），有 Apple Pay、Samsung Pay、Huawei Pay 等，这些也是很有潜力的技术工具。此外，银行卡机构现在把银行卡也做进了手机中（虽然还保留有塑料卡）。这样手机既可以通过 App 选用云闪付，也可以选用 Apple Pay、Samsung Pay、Huawei Pay 这样的 NFC 支付，还可以选用二维码扫码或其他形式来完成支付。此外，还有一些商户机构考虑硬件支付工具（如预付卡），比如香港的八达通，这是一个基于 IC 卡的产品，很好用，在香港推广应用也很成功。所以说，即便未来移动终端——手机是出行携带的主流产品，也不妨碍可能还有一部分硬件卡式支付工具等（当然也可想办法把硬件支付工具做到手机中）。

DC/EP 的开发思路和目前较流行的 CBDC 不完全一样，它不是 CBDC 概念体系里的一个分支。主要有这么几点：

第一，DC/EP 不排除 CBDC 与央行间接负债型数字货币共存的局面，第二层机构实际上也可以拥有 e-CNY 的所有权以及可支付的保证，同时拥有这个系统、技术和设备。这个思路一定程度上是研究了香港三家发钞行的情况。现在香港金管局委托三家银行发钞（在 20 世纪 90 年代中期中银香港加入之前，是汇丰、渣打两家银行发钞），发钞行每发 7. 8 港元，就要交给金管局 1 美元的发行准备，同时金管局向其发出负债证明书，在当时来讲就是 100% 的备付证明。从资产负债表上来看，各家发出的钞票是它们自身资产负债表中的负债，资产方是放入金管局的 100% 发行准备金（美元）；而金管局的负债方是发出的负债证明书。从资产负债表来讲，这与典型的 CBDC 所设想的货币所有权和负债责任都归央行，是有所不同的。

第二，央行可通过多种手段确保数字人民币的币值稳定。银行为了支持币值稳定，不出现像比特币那样的价格大波动，可能会有不同的方法。方法之一是发行现钞要有 100% 的准备金，可以参考香港的做法，由金管局出具负债证明书。当然，央行也可以选择别的办法，比如出具一封安慰函行不行？这不是不可以，只是支持的程度是不一样的。普通老百姓很容易理解 100% 备付准备，认为这样就安全了，但实际上货币体系没那么简单，因为 100% 备付准备只针对现钞，在中国来讲就是 M0，其他的准现金类都不在里面，更不用说 M1、M2 了。所以说双层体系的具体构成可以是不完全一样的，中央银行承担稳定币值的方法、工具和支持程度可以有所不同。

第三，央行和第二层商业机构间不必然是简单的批发—零售关系。有人设想央行只搞批发、第二层机构搞零售，两层之间的关系构成传统的、简单的批发零售关系。我认为这种理解过于简单化，没有必要为了概念上的清晰或刻意为了防止脱媒而预先给出一种限定。

此外，如前所述，在双层营运体系中，KYC、反洗钱、保护用户数据隐私等合规性责任都在第二层机构。央行为了更好地监测这种合规性和保持系统稳定性，也为了落实反洗钱等措施，应该掌握所需要的第二层交易信息和数据，但这只是备查性质，央行本身并没有直接的商业利益。

我们观察中国现在试行的DC/EP里的双层体系等一系列概念的形成、定义和具体内容，是在数年的研发、与市场碰撞中磨合而来的。

34. 人民银行当年启动 DC/EP 计划是基于哪些考虑和选择？[①]

人民银行与业界联合推出了 DC/EP 研发计划，研发的最终目的都是实现支付体系的高效率、低成本和安全可靠，而不是仅从某一个供给商的角度来推广新技术。数字货币的研发鼓励多渠道、竞争、后果可控的方式，注重以下原则：

——审慎对待技术选择的不确定性。我们有两个假设下的推导。一种假设是，中央银行能够作出非常鲜明准确的判断，知道哪一种数字货币或者电子支付方式是未来有前途的、肯定能站得住脚的。这等于假设中央银行是先知，它应该作出明确的选择，选择最好的，按理说不会中途夭折或重新启动。另外一种假设是，中央银行也不是先知，可能不知道哪一个是未来最有前途的，但是可以认为这个阶段这个技术最好，下一个阶段还可以改为另外一个方案。

对于大国经济来讲，系统切换是非常难的，中国是十几亿人的经济体，一旦选择了一个方案，更换到另一个方案是非常费时费力的，且存在切换的操作风险和央行的声誉风险。印度几年前

---

① 杨燕青，周徐．金融基础设施、科技创新与政策响应——周小川有关讲座汇编［M］．北京：中国金融出版社，2019.

的纸钞切换就是一例。回想我在证监会的时候有一个很受关注的问题，就是证券市场上有大量的麻袋户，这些麻袋户往往是用于操纵价格的，当时有人背着麻袋去农村收购身份证，最便宜的时候一角钱一个。所以证监会想要公安部门帮忙清理麻袋户，希望推出第二代身份证，把以前的麻袋户给清理了。公安部门明确告知，可以推出新身份证，但是搞一代身份证要十年左右，要取新的证件信息，十几亿人的工作量很不简单。

相比之下，观察欧洲百万级人口的国家更换一种货币就相对容易了。有个国家换一种新的货币，规定三个月内老货币和新货币通用，三个月以后可以去银行换新货币，但是零售商户不接受老货币了，再过两个月只有一家银行可以把老货币换成新货币，其他所有银行都不能换了，再往后只能找央行了，不然就自己留作纪念品。而一个大国要想更换一次，没有好几年根本切换不过来，就像公安部说的，换一代身份证要十年，所以切换是不容易的，不容易随意更换技术。

——必须有稳定的币值，并支持对社会总需求的宏观调控。央行因为负有维护币值稳定、金融体系稳定的职能，所以会注重这个方面。如果没有建立合理的机制、法规条例以及激励机制，私营部门就有可能只关心市场份额、效率、成本，而不一定关心币值稳定。但经过一段时间探索，如果私营部门的数字货币币值不太稳定，有人就搞出了盯住央行货币的数字货币，称为“稳定币”。这也表明会产生币值稳定的需求。

我们在国际上引用并讨论一个例证，即中国香港发钞系统，这是全世界少有的系统。香港有金融管理局，还有汇丰、渣打、中银香港三家发钞行。1997 年香港回归之前，只有两家发钞行，就是汇丰和渣打。香港实行联系汇率制度，每发行7.8港元，就要交给香港金管局1美元的备付金，获得备付证明书。在香港回归过程中，主权都要回归了，应该有一家中国的银行做发钞行，所以有了中银香港。理论上三种钞票是可以相互替代的，但是也不见得百分之百替代，可能某一个ATM只能取一种钞票，可能这三种钞票的反假币措施虽然总体上是一致的，但很难说某一种防伪的安排是你有他没有的。可以想象，如果可以由不同的人开发DC/EP，它们在竞争中优化，而且在推广之前先有沙箱测试，批准了之后产品有优有劣，那么通过竞争看出现什么情况。

——要依靠市场竞争选优、更新换代。既然要支持科技的发展，又要防止出问题，在DC/EP的设计上，就不应预先选定某个技术，而是要依靠分布式研发，通过市场竞争，尊重市场的选择。既包括以账户为基础的电子支付渠道上的改进、扫码支付之类的移动支付，也包括区块链和DLT类加密代币系统。有些不同体系的技术可能会并行发展，可以鼓励多家协同发展和快捷切换，但主要是发挥市场积极性。

应该允许商业性机构，包括商业银行、互联网公司和电信运营商共同加入并分布式研发、试点数字货币和电子支付的系统，相互之间可以竞争，将来优胜劣汰，搞得好，可以推广，推广的时候，也不保证它一劳永逸，推广一段时间之后，可能新的技术出来又把它替代了，有生就有灭。中央银行可以组织，可以鉴别，但是能不能包办，要画很大的问号。不要想象央行一定能包办，一定能选择一个最好的系统，因为竞争选优的事前判别非常困难。

当然这也有缺点，相互通用性可能有问题。有机构在一些地区推广“去现金化”和“无现金社会”。有人提出反对意见，人民币纸币是法定货币，法律规定必须接受。未来可能出现若干种支付工具，多种支付技术体系相互竞争，每个支付体系可能有自己一定的覆盖面，有可能拒绝竞争对手的支付工具，这个也不是不可接受的。其实现在也有同样的问题，比如卡，有的商户只允许使用 VISA 卡，有的商户只允许使用 MasterCard，并不见得 100% 普遍通用，因为有竞争、有选择，所以有可能通用性不那么强。任何一种方案都是有缺陷的，但是要避免作出唯一一种技术选择所冒的风险。DC/EP 安排是一种允许多家分布式研发、不断科技创新、试点的思路，是通过竞争实现优胜劣汰的系统设计。当然，走下来会怎么样还不完全清楚。

此外，多家竞争的试点还是要尽可能有限定范围，退出的事前设计就像写“生前遗嘱”一样。如果出问题怎么退出？要事先设计好。技术发明者、创新者也许不热衷此设计，央行应要求其作充分的设计。最后，要防止靠烧钱、变相补贴（包括直接补贴和交叉补贴）去抢市场份额并扭曲竞争秩序，它会使竞争选优的预想落空。

35. 如何把握央行在创新和系统演变中的角色？可否赋予第二层机构更多功能？[①]

央行最主要的任务之一是维护数字人民币的币值稳定。办法有很多种，比如说，可能对第二层机构提出资本要求，也可能提出要有发行准备，还可能有其他手段。理论上说，在双层体系下，央行自己的研发重点可能不在数字货币产品本身上（当然有基础，所以内部也有很多人有积极性做这方面的研发，这未尝不可），央行应该更加注重建设可靠的规则和结算与清算等基础设施（当然也包括过去的结算与清算体系是否会完全被替代），这些基础设施不仅涉及零售支付系统，还涉及更广泛的整个经济中的支付基础设施，以及金融市场的基础设施。所以，有人整理过一本书，是有关讲座的汇编，书名是《金融基础设施、科技创新与政策响应》，当中列举的基础设施范围还是很广的。

DC/EP 的双层系统，第二层系统里有商业银行、电信营运商、互联网支付平台，它们之间可以合作，也可以联合，取决于它们最后对支付产品和技术框架的倾向。中国在 2015 年和 2016

① 周小川 2020 年 11 月 27 日在北京大学“数字金融创新及其启示：中国及国际经验”研讨会上的发言：“数字时代的中国支付体系现代化：DC/EP 与 e-CNY”。

年提出关于支付体系和数字货币的设想时，就在国际上开始讲要搞双层体系，那时候这一主张还不太流行，现在很多人都在用双层体系这一提法了。所谓双层体系，中央银行在第一层，第二层可以有商业银行、电信运营商和第三方支付网络平台公司，目前中国已经开始运行的有工行、农行、中行、建行四家国有银行，有中国移动、中国电信、中国联通，有蚂蚁和腾讯。

事实上，第二层机构的动力很足，它们知道在这方面会有很大的发展机会，特别是在获得客户及其业务方面。但它们也应该承担比较大的责任。第一，它们要有适当的资本，以便减少风险。经历过的人都知道，支付体系有时也会出现风险，而且有可能来的很猛烈。第二，它们需要了解自己的客户（KYC），成为反洗钱的主体。第三，它们在保护客户隐私方面也有非常大的责任。如果在这方面出了问题产生诉讼，那被诉方会是这些第二层机构。此外，它们在技术方面需要做较大的投入，包括设备投入、运行保养等。当然，这期间会有讨价还价，第二层机构希望好处多获得一些，责任少承担一些。央行作为第一层，也会告诉它们，你们必须承担这些责任，少不了。

目前第二层商业机构研发和试点中采取的主要技术路线包括：基于账户体系的电子钱包、二维码、NFC（包括 Alipay、Apple Pay、Huawei Pay，Samsung Pay、支持移动端的双离线支付）和可以放在手机中的银行卡（包括通过 POS 机、二维码和 NFC 等支付的信用卡、银联卡、闪付卡等），以及可以放在手机或其他介质中的小额预付硬件支付工具。人们可以选择通过上述多种方式完成支付。

在中国这样的大国，容量这么大，第二层的不同机构可以设计多个方案，做多方案并行的开发和试点。当然，这是设想，真正做起来也不见得会有很多种方案，因为有一些机构经过磨合，认识比较接近，会出现联合，有一些不同方案最后可能合并。但总体来讲，这是可以容纳多个方案的双层体系架构。需要指出的是，多方案也有缺点，可能在互通性上会有一些障碍，因此可能需要协调，或者需要切换装置。

此外，在不同的支付产品之间，央行可以做一些工作来促进它们之间的互联互通。比如，如果不同的支付产品使用的标准或者参数不一致，央行可以争取通过协调使其一致，实现更好的通用性，这样对市场和消费者都更加有利。不过，各种产品有时候在不同阶段不可能100%协调好之间的互操作性，会出现差异，但是如果这种差异是阶段性的，也是可以容忍的。

央行要在动态演变系统中准备好系统趋同化及应急替代方案，所以说，如果央行自己也会研究出一种趋同型的数字货币，而且可以适时在零售运用中作为系统升级的模板，那么它还可以起到一个作用，就是成为应急替代方案。因为在市场上有可能有的技术方案会失误，有些系统会宕机，有的系统运行中会出毛病，事先想不到，这时就需要有替代品赶快跟上。此外，既然未来的技术可能是动态演进的，那么在演进过程中有时会发生升级，这个过程有时候很复杂，有些系统一升级就出现宕机。所以切换的时候需要顺势推行更为统一的模板并有替代应急方案。因此，对央行的角色应进行很好的设计，把双层系统各方的积极性和各家长处都发挥好。

36. 在动态发展过程中如何鼓励研发、创新、试点、竞争优选？[①]

如何在推动数字人民币中采取动态的、竞争性的、多方案的双层经营体系？首先是竞争性、多方案研发。其中一个疑问是，中央银行是否有能力判断并选择最优技术路线。技术现在看起来是五花八门的，各自都会游说，说自己的技术最有用，我们也在银行电子化的整个过程中反复遇到这种情况。当然，这也取决于不同的人，不同的人可能有不同的倾向，但是作为一个机构来讲，中央银行选择一种最优技术和最优发展路线不太容易，风险也比较大，万一选错了怎么办？而中国有 14 亿人口，市场非常大，可以容纳或实行多种技术方案。但不是没有门槛，每种技术方案必须得拿出足够的道理，对优缺点都进行陈述。

需要指出的是，小的国家比较容易创新，进行试点。如果试点最后发现有问题，或者说发现并非最优方案，要切换也相对容易。但这对于一个大国来讲就非常难，时间也会拖得非常长，其间就会有各种风险出现。这从过去纸币更新的经历中就可以看到。欧洲有些小的国家，纸币要更新换代，如从纸币更换到塑料

① 周小川 2020 年 11 月 27 日在北京大学“数字金融创新及其启示：中国及国际经验”研讨会上的发言：“数字时代的中国支付体系现代化：DC/EP 与 e-CNY”。

钞，整个过程可能一年左右就切换完成。比如说头 3 个月是新老货币并行；接下来 3 个月是所有零售商店不接受老货币，只能用新货币，但是老货币可以到银行网点兑换成新货币；再后面的 6 个月，想去商业银行网点兑换成新货币也不行了，只能去找中央银行换；再往后，除非有什么特别安排，否则老货币只能作为收藏品了。所以说，小的国家一年就能完成货币的更新换代。但对中国来说，我们过去由第三套人民币切换到第四套人民币，以及将第四套人民币切换到第五套，每次切换都用了十年左右时间，并且还有很多遗留的问题。大国在这方面很不容易，但是好处是能够容纳多方案并行。

其次是关于系统的动态演进。大家知道，金融科技发展迅速，支付行业必须与之相适应并不断演进。我个人曾经很喜欢移动电话的 4G 系统，因为在 3G 时还有 CDMA 和 GSM 两种不同的技术选择，4G 时就出现了一个词叫 LTE，就是长期演进系统，这个系统允许技术不断演进而不是废止性换代。在支付系统中，我们希望建立这样一个框架，既可以容纳不同的方案，又是个动态演进系统。当代技术发展确实非常快，在使用过程中要以用户为中心来不断评估新技术，同时也要反对垄断，垄断有时候对下一步的新技术路线会形成阻碍。在此过程中，区块链和 DLT 一直是其中的可选方案之一，目前来讲还在研发中，还在不断地解决技术上的问题，特别是在并发处理能力（每秒处理多少笔交易）等问题上尚存在不足。作为零售支付系统的应用来讲，目前它还占不了主流。

37. 如何理解数字人民币兼有“账户”、“准账户”和“价值特征”?[①]

从业务实质来说，支付是利用各种支付工具和支付方式，给付货币资金，实现价值转移的行为，大体可归纳为“所有权证明”和“身份证明”两种方式。在传统支付工具中，实物人民币的支付以“所有权证明”为特征，合法占有人民币纸币、硬币即被认为拥有相应的价值，收付款双方通过转移相应人民币纸币、硬币的所有权体现价值的转移。传统电子支付则以“身份证明”为特征，例如银行卡、支付账户的支付都是通过确认账户所有人的身份、确立账户所有人与账户的关系明确对账户的所有权，并基于账户开展记账、会计核算等行为体现价值的转移。

数字人民币设计兼顾实物人民币和电子支付工具的优势，兼具账户和价值特征，兼容基于账户（account-based）、基于准账户（quasi-account based）和基于价值（value based）三种方式，既具有实物人民币的支付即结算、匿名性特点，又具有电子支付工具成本低、便携性强、效率高、不易伪造等特点。

基于账户模式的数字人民币，是指运营机构以账户记载数字人民币的价值，并在所有者身份与账户中的数字人民币价值间建

① 周小川 2022 年与人民银行数字货币研究所的几次谈话与讨论。

立关联关系，确立所有者对于对应数字人民币价值的所有权。账户所有人身份可以是手机号、身份证件等可证明自然人身份的特定凭证。支付时，通过对账户中记载的数字人民币价值进行增减体现所有权的转移。例如，通过“数字人民币 App”开立的个人钱包即属于数字人民币账户模式的产品。账户模式也可与硬件钱包结合，通过在医保卡、社保卡等加载数字人民币账户模式硬件钱包，应用于医保社保、日常消费等场景。

基于准账户模式的数字人民币指的是，运营机构以账户形式记载数字人民币的价值，但不建立使用者身份与账户中的数字人民币价值间的关联关系。准账户模式的数字人民币产品针对不特定身份使用者发行，支付流程与账户模式一致。例如，在北京冬奥会，通过在智能手环、硬件卡等设备的芯片中加载数字人民币凭证，关联运营机构以账户形式记载的数字人民币的价值用于支付，但不关联使用者身份，即属于数字人民币准账户模式的产品。准账户模式数字人民币产品遵循“小额匿名、大额依法可溯”，便利境内外居民小额支付需求，保障用户隐私与信息安全，并在风险可控的前提下拓宽数字人民币服务范围。

基于价值模式的数字人民币，是指数字人民币的价值直接存储于相应载体中，数字人民币用户通过占有与控制相应载体享有数字人民币的所有权。支付时收付款双方可直接点对点完成价值转移。例如，在数字人民币硬件钱包的双离线支付中，收付款双方无须借助网络，相应的数字人民币价值由付款方硬件钱包直接转移至收款方硬件钱包，实现所有权的转移，就属于数字人民币价值模式的产品。价值模式的数字人民币产品既能在联网的情况下使用，也能在无网的情况下使用，可在自然灾害、应急等极端场景下保障基础的数字人民币支付服务。

38. 如何防范暗网非法交易、洗钱？e-CNY 为何选择可控匿名（保护隐私）？[①]

关于防范暗网。2018 年上半年有几个杂志开始说到深网和暗网（Dark net）。大家平常在互联网上访问的都是明网，明网之下还有暗网，暗网需要各种授权密码，里面有各种各样违法违规的交易，涉及毒品贩卖、武器贩卖、人口贩卖、假证贩卖，还有假药贩卖等。比特币往往是暗网选定的支付工具。利用比特币支付，买卖双方都可以采用匿名公司，往往都是注册一次性公司，用后即停，监管机构追查不到。前两年《财新》杂志报道，武汉某大学的一个副教授利用实验室制作毒品衍生品，主要贩卖到外国，在销售过程中交易双方都采用了匿名实体，通过网络销售，快递公司发货，专门指定比特币为支付货币。

数字货币刚刚问世的时候，多数人都表现出充分的好奇心和积极性。后来比特币出现了不少问题：一是交易价格非常明显地

① 杨燕青、周徐．金融基础设施、科技创新与政策响应——周小川有关讲座汇编［M］．北京：中国金融出版社，2019；周小川 2021 年 5 月 22 日在 2021 清华五道口全球金融论坛上的发言："数字货币和电子支付系统"；周小川 2020 年 11 月 27 日在北京大学"数字金融创新及其启示：中国及国际经验"研讨会上的发言："数字时代的中国支付体系现代化：DC/EP 与 e-CNY"。

大起大落；二是虽然自称技术上很牢靠，但还是出了技术缺陷和失误，导致比特币被窃取，客户的比特币失踪。很多投资者根本未弄清楚数字货币究竟是什么，在中间受骗。同时，比特币交易平台该由哪个部门监管也是问题。缺乏监管导致市场操纵行为泛滥，过去也有相应披露。经观察，有些交易平台 90% 以下的交易都是对敲，真实交易很少。

中国一度在比特币交易、挖矿和 ICO 领域占全球很大比重，这引起监管部门关于金融市场健康性、消费者和投资者保护及金融稳定方面的一些担忧。尽管从当时的规模来看，参与人数比较少，还不足以造成某种系统性危害，但如果不充分重视并考验新技术的稳定性和可靠性，也会伤及投资者或消费者。2017 年 9—10 月，中国正式关闭了国内比特币的人民币交易平台，并禁止了 ICO。

关于反洗钱。金融科技发展必须要考虑当今世界上对国家安全的共同要求，共同协调反洗钱和反恐怖融资问题。洗钱和恐怖融资对社会有很大的危害，因此技术开发方面需要对此有一定的公共性觉悟。技术可能用于好的方面，也可能用于不好的方面。例如，某项生物技术的发展可能对治病、对生态会有好处，但也可能被坏人拿去做生化武器。所以，金融科技开发需要对技术有所把控，重点关注反洗钱和反恐怖融资问题。

电子支付和数字货币技术出现后，还没有得到较为广泛的普及，就被暗网中的坏人用于诸如逃税、洗钱、军火买卖、人口贩卖、假凭证贩卖等。一个重要的例子就是毒品衍生品问题。发货方、收货方两边都是单次运作的匿名公司，交易支付用的是比特币，当然现在也可以用别的加密货币。这也给技术选择带来了问题，监管部门和央行需要特别关注。新的支付体系和数字货币必须能够有效地符合当前反洗钱和反恐怖融资的要求。

作为 BigTech 和 FinTech 公司，在动机上应去落实诸如反洗钱、反恐怖融资的现行业务合规性要求和 KYC（了解你的客户），以及兑换、跨境交易的外汇管理条例，而不是设法绕过或从旁路避开这一类合规性要求，更不是利用自身优势（包括金钱）去游说给自己开绿灯。

关于可控匿名。匿名性暗藏非法交易风险。一说到匿名支付，就有人说到深网和暗网，里面有很多乌七八糟的东西，诸如贩毒、赌博、武器买卖、人口贩卖、假证件贩卖、学位论文贩卖、假药贩卖等。这些非法交易的支付都希望走去中心化的系统，希望无人监管。

其实支付系统必然要在保护隐私和反洗钱、反恐怖融资、反毒品和反跨境赌博之间取得一个平衡。在保证隐私的同时还要对某些活动实行必要的监控。因此对这件事如果从两个角度来看，会有人站在左边说保护隐私不够，也有人站在右边说纵容了洗钱和毒品交易，所以必然是在中间的某一个平衡点，但是这个平衡点也可以选择稍微偏左一点或者稍微偏右一点。中国 DC/EP 明确提出的概念叫可控匿名，从可控匿名本身来讲它也并不是一个数学上能够精确定位的点，但是它表达的意思就是在保护隐私和反洗钱反毒品交易中间找到一个平衡点。大家可以再深入研究这个平衡点究竟在哪，但也不要拿这个事有意或者刻意地贬低或者攻击 DC/EP 的选择。

要充分地研究和吸收欧盟《通用数据保护条例》（GDPR）的一些规则，央行应推动在技术上给予保证。但在中国有一个现象，前一段时间大数据交易所盛行时，有很多的个人隐私数据实际上都已被泄露出去了，甚至被买卖了，而且很多客户还不知道自己的数据已被泄露和买卖了。需要提醒大家，凡是泄露出去的东西，数据持有机构该抹掉的一定要抹掉，用户该更换密码的就更换密码，该更换账户的就更换账户，但事实上这个过程非常复杂、耗时，而且结果不见得有保证。所以在这种情况下，还是需要有一些别的手段来保障安全性，诸如要安排不同层次的账户和不同的限额管理，消费者对自己不同用途的账户可自行进行限额管理，从而保证用户的资金和数据安全。当然，这些做法可能会让有些人觉得太复杂，也不太方便，但目前已经有大量隐私数据非法流入市场，需要有所应对。

39. 双离线支付的应用场景是什么，技术上如何实现？[①]

双离线支付是指收付款双方在无网或弱网条件下，不与运营机构后台通信，基于安全芯片，直接在数字人民币钱包中验证客户身份、确认交易信息，进行价值转移的支付方式。传统电子支付以账户为资金的起点与终点，依赖网络通信实时与账户开立机构后台交互，或按照约定传递支付指令；基于客户身份验证结果及支付指令内容进行账户电子簿记的变动，实现价值转移。历史经验表明，商业繁荣与账户的兴起息息相关，基于身份认证的账户体系有利于维护支付体系安全，防范欺诈，支持反洗钱和反恐怖融资等非法活动。不过，传统电子支付非常依赖通信网络、支付系统韧性以及账户开立机构后台系统记账、核算的准确性，在出现自然灾害、网络攻击等极端情况时，或是在通信条件不发达的偏远地区，很难保证传统电子支付服务的连续性和覆盖面。而数字人民币由于兼具账户、准账户、价值特征，既可以在具备网络条件的情况下基于账户、准账户特征进行支付；也可在不依赖网络的前提下，基于价值特征对交易双方进行认证，以加密币串形式实现价值转移，即支持双离线交易，达到安全与便捷的平

① 周小川 2022 年与人民银行数字货币研究所的几次谈话与讨论。

衡，满足公众对支付工具安全、易用的要求。

具体实现上，双离线支付的要点是在不依赖网络与运营机构后台通信情况下，完成交易双方的互相认证，保障交易流程的真实性与完整性，同时建立有效的监督处理机制。一是采用央行、机构和用户三层证书体系，依托安全芯片的加密运算以及安全存储能力，将完成认证和交易需要的信息存储在硬件设备如手机终端、智能卡、可穿戴设备等的安全单元中。交易时，收付款双方通过短距通信技术直接建立连接、验证用户身份、传递支付凭证，确认交易信息，并最终完成交易，整个过程无须借助移动网络，不需要与运营机构后台系统通信。二是在安全机制上，实现双离线支付的防伪造、防篡改、防抵赖，保证交易的真实性和完整性。比如交易双方需要验证币串真伪，同时记录余额凭证和交易流水，在后续联网后再由运营机构进行校验和对账，能有效监测并防范超花或双花风险。三是在异常处理机制上，基于双离线点对点价值转移的特点，即使交易中偶然出现收付异常情况，如付款方已付款、收款方未收到，或付款方未收到交易结果通知，都有处理机制进行纠正恢复，保证用户资金安全，提升用户体验。四是数字人民币钱包在联网时可以对钱包推送应用更新通知，保证硬件钱包的安全能力是动态而不是静态的，是开放而不是封闭的，进一步提升硬件钱包支付的安全性。

此外，双离线支付不会是一个高频使用的功能，主要应用在突然断网或者弱网的极端场景，为特定人群、特定环境提供支付保障服务，满足长尾支付需求，促进金融普惠。具体来说，既可以用来满足日常生活中网络环境不好时的支付需求，比如地下停车场、飞机、高铁、偏远山区等无网弱网环境；也可以保障自然灾害、应急场景下的基础支付需求，比如因地震、洪水等自然灾害造成大面积网络瘫痪时，就需要不依赖网络进行支付的工具满足人民群众的基本需求；还可以帮助弥合“数字鸿沟”，比如对于不习惯或者不具备使用手机等移动支付设备条件的老年群体以及低收入人群，可以基于双离线支付功能，为他们提供定制化的解决方案，保障支付需求。

40. 建设数字人民币无障碍产品主要有哪些考虑?[①]

“看不见的人能不能使用电子支付工具，难道只能靠摸现金上的盲文来支付吗?”“听不见的人如何在金融服务中进行沟通?”“坐着轮椅能不能用自助机办理金融业务?”“如何让老年人学会使用数字人民币 App?”“如何让来到中国的国际友人也能轻松获取和使用数字人民币?”——这些都是需要解决的数字人民币产品无障碍问题。

数字人民币产品在设计初期就很注重“普惠”的理念，通过一定的产品设计和技术手段，使老百姓能够平等地、方便地、无障碍地获取和使用数字人民币，特别是一些人群，比如视力障碍、听力障碍、肢体障碍、认知障碍、老年人、儿童、少数民族和偏远地区民众等群体。这些群体在使用支付工具的过程中往往面临更多困难。

—— 既然数字人民币一直注重“普惠”的设计理念，那么都有哪些这方面的特点?

数字人民币可以帮助人们无障碍地获取支付服务。银行账户松耦合的特点，使没有银行卡、不方便去银行网点的偏远地区民

① 周小川 2022 年与人民银行数字货币研究所的几次谈话与讨论。

众和残障人士，可以在家通过手机开立数字人民币钱包；形态多样的钱包服务，让不使用手机支付的人，可以用硬件钱包进行支付；基于价值特征的双离线支付能力，在互联网覆盖不好的地方，可以让人们方便地支付。

数字人民币双层运营体系下，人民银行通过统一标准规范、提供解决方案、搭建交流平台等方式，带动各类机构参与数字人民币无障碍建设。各运营机构、同业金融机构和其他合作机构面向终端用户直接提供无障碍的产品和服务，使数字人民币无障碍推广具备了天然优势。在进行无障碍能力建设时，要放眼数字人民币全生态体系，打造无障碍支付和业务受理环境，提升关联金融机构、商户的无障服务能力，全面、系统地开展无障碍建设。

——在了解数字人民币天然具备的无障碍特征后，无障碍的建设思路是什么样的？

经过调研发现，目前市场上很多产品在进行无障碍工作时，通常会遇到产品已经成熟后，在社会责任、法律合规的要求下才开始考虑无障碍问题，导致很多工作要“从头再来”，耗费人力物力，也降低了无障碍改造的积极性；对于很多障碍用户而言，不同产品之间相对割裂，往往会出现前一环节没有障碍，下一环节却因为某些障碍问题进行不下去了；很多厂商设计无障碍产品时对障碍群体需求的了解停留在表面，缺乏深入研究，导致产品“华而不实”，很难推广应用。

数字人民币开展无障碍建设，一是从源头切入，让产品研发具备无障碍基因，上到产品体系架构，中到不同产品的需求，下到各个用户界面的细节设计，都要在最开始就考虑无障碍需求。二是整体性打造。支付过程涉及很多环节，如果只关注某个局部进行无障碍优化，很难提升整体的体验。数字人民币从支付行为的用户旅程出发，全面查找不同场景下的堵点、痛点。三是注重产品的可扩展性，提供基础能力和解决方案，帮助生态参与者设计多样性的解决方案，为障碍用户提供更多的选择。四是做有温度的产品。开展广泛的调研，了解特殊人群的行为习惯、痛点和需求，让障碍用户参与到产品设计中，在产品运营中持续收集反馈，通过用户真实使用体验帮助产品无障碍建设的不断迭代。

——具体而言，数字人民币目前如何解决不同障碍人群使用过程中的问题，助力障碍用户跨越“数字鸿沟”，让每个人能公平无障碍地使用产品？

打造无障碍的数字人民币 App。数字人民币 App 通过提升业务流程和文案友好性、精简交互设计，并结合系统辅助功能、利用手机传感器等手段，不断针对障碍问题优化操作体验、提供个性化无障碍配置等，保障老年人、视力障碍、肢体障碍等障碍人群的使用体验。比如，数字人民币 App 通过无障碍标签、优化交互和引导等方式，保障盲人、视力受损严重的用户也能方便地使用数字人民币 App 的全部功能。此外，从色彩、对比度、布局尺寸、字体、排版设计等方面提升 App 界面的可识别性，保障老年人、低视力用户使用 App 能“看得清”“点得到”。

丰富支付硬件形态。对于不会、不敢或不能用手机支付的人群，数字人民币通过硬件形态的钱包产品解决他们的困难。例如，数字人民币推出了可视卡硬件钱包，整合了数字人民币支付和健康码验证功能，同时利用国密认证算法保证交易安全和资金安全，为老年人提供更周全、更贴心、更直接的便利化支付服务。在此实践基础上创新设计手机、手环、胸针和手杖等多种载体形式，为部分肢残用户、未成年用户、短期来华的非居民等无手机 App 支付习惯的用户或不便使用电子支付的群体，提供丰富的产品选择。

——在未来，数字人民币无障碍产品建设有怎样的考虑？

要逐步形成数字人民币产品服务通用性支持体系，建设科学的无障碍管理成熟度模型，形成无障碍产品的研究和评价机制，加强受理渠道无障碍能力建设，输出无障碍相关的业务规范与技术标准，全面持续提升数字人民币生态体系无障碍、适老化服务能力和服务质量。

41. 如何理解数字人民币的可编程性和智能合约的应用？[①]

数字人民币的可编程性，也就是数字人民币可以和计算机代码结合，接受指令、自动进行交易合规性及合同条款核验、自动运行、完成交易。当然现代各种软件系统都是基于计算机代码实现的，传统账户体系的电子货币，也是基于代码实现的，也可以接受指令自动运行。为什么数字人民币要单独强调可编程性呢？因为这个可编程性和一般的计算机代码有着本质的差别，这个差别总结起来就是智能合约。

关于什么是智能合约，业界并没有权威的定义，通常理解智能合约是预设执行条件、执行过程不可篡改的计算机协议，用普通人的语言去讲，就是用计算机代码写一份合同，并配套保障合同执行的机制。

数字人民币与智能合约的结合，包含两层含义：一是合约的不可篡改、强制执行。二是合约的模板化、开放性和智能化。第一层含义比较容易理解。为什么数字人民币的智能合约，要强调模板化、开放性和智能化呢？这是因为作为线上化的合同，必须让经济活动的参与方能够以足够低的门槛签署合同，智能合约才

① 周小川 2022 年与人民银行数字货币研究所的几次谈话与讨论。

能运行和推广起来。模板化能够实现一次开发、重复使用，不需要重新写代码。开放性能够让更多的专业机构，有一定技术力量的企业、个人，参与模板的创建、迭代，能够发挥社会的力量和大家的智慧，才能满足包罗万象的经济活动需求。智能化则是支持合约之间像搭积木一样相互组合、复用、互联互通，并且根据用户的意愿随时插拔使用，进一步降低开发和使用门槛，带来像从功能手机到智能手机那样的丰富度、个性化和便捷性提升。如果不能做到模板化、开放性和智能化，合同双方要到运营机构或者政府部门才能签署，或者要等着专门的技术人员重新写一段代码才能签署合同，最后发现从写代码到用户签署合同所等待的时间、付出的成本比不用智能合约还多，那一定是不切实际、推广不开的。

那么，为什么说可编程性是数字人民币的“特性”呢？这并不是说电子货币或者其他金融设施做不了智能合约，不是说只有数字人民币能够和智能合约相结合，而是说，数字人民币更有机会做好智能合约。

数字人民币更有机会做好智能合约的原因，第一个是信任。在现代金融体系中，标准化的交易已经有成熟的交易场所或者交易环境。交易环境最大的作用之一就是建立信任，让交易双方互相信任，在零售环节，交了钱就能收到货，发了货就能收到钱。可信交易环境需要标准和规则支撑，需要强有力的组织和保障能力，甚至需要强制性的约束机制，因此交易环境通常是由公共部门负责，或者公共部门与私营部门共同负责的。法定货币是由国家信用背书，享有法偿性，由央行组织建设基础设施，更加有条件建立被大家信任的交易环境。第二个是互通性。以往的 IT 系统往往形成信息烟囱，互操作较少，智能合约的运行则需要底层多个合约相互配合，内外部大量的公私系统进行交互，去传递价值、传输数据、验证身份、检查合法性等。数字人民币作为中央银行组织建设的系统，更有能力提供这样一个统一的平台，形成一致规则，打通各类系统，实现信息和价值的无障碍流通。第三个是没有历史包袱。数字人民币是新建设的基础设施，第二层运营机构经过严格筛选，技术实力、覆盖面和人员积累都是比较强的，在一个新的体系中机构间协同成本会低于传统系统，更容易搭建形成统一、可信的交互规范。

数字人民币的智能合约要怎么做呢？应该考虑好这么几点。一是遵循中心化管理和双层运营体系。智能合约要搭建一套交易环境，也就需要业务规范、技术规范、语义规范等，需要有中心机构去制定规范，要形成广泛的互信和共识，因此智能合约一定不是某一家机构宣称就能够建立起来的。同时，和以往专用业务系统不同，智能合约面对的是通用的业务场景，要面对大额、小额、高频、低频等各种场景的挑战，还要考虑为合约开发提供足够的便捷和安全性，这就要求底层环境设计得非常完善和科学，需要相当的技术实力和资源，需要发挥第二层机构的优势。二是要保障合约模板的有效性管理和合法性管理。合约模板被应用到经济活动中，关系到实实在在的经济利益，又叠加了数字技术的网络化、规模化特性，不加管理的合约甚至可能成为不法金融行为的工具。智能合约一定需要经过审核、检测之后，才能上升为模板。合约模板的审核不仅要进行形式审核，还应保障不会违反法律强制规定，如不能违反“三反”要求。调用合约模板的交易，也需要技术手段去保障模板不能被篡改。三是持续进行技术升级，防范技术风险。金融业务一定会面临不间断的非法攻击，任何安全技术都有自己的有效期，智能合约不仅要保障模板的安全，还要以攻防相长的理念持续开展技术升级，保障技术安全。四是建立开放生态。如前所述，智能合约必须要开放化，发挥大家的智慧，激励大家的智慧，最好的方式就是商业的激励。

最后，谈一下数字人民币和智能合约结合的潜在应用场景。在具体场景中，数字人民币智能合约可以发挥不同的功能价值。比如，在商业单用途预付卡、商品房预售等预付资金管理领域，通过智能合约能够有效防范资金挪用，实现透明监管，兼顾现有商业模式，保障各方利益。在财政补贴、科研经费等定向支付领域，通过智能合约能够限定支付用途，实现资金全链路监控，提升政府资金效用。在资金归集、智能分账等资金结算领域，通过智能合约技术能提高资金处理的准确性与自动化水平，降低差错和人工处理风险。在消费红包、智能缴费等营销与零售领域，通过智能合约技术能降低全链路开发成本，保障用户自主权利，提升客户体验。在内外贸易领域，通过智能合约技术能实现线下合约线上化，在技术上实现合同执行约束力，实现“签约 + 履约”的闭环解决方案，强化信息流通效率，逐步解决交易链互信问题，降低贸易和结算成本。

第五部分

数字货币的跨境使用与国际合作

42. 经常项目跨境支付的主要思路是什么？[①]

经常项目的跨境支付主要有两种思路：一种思路是以通用货币为基础的，可以是美元，也可以是欧元、日元、人民币，还可以是以一篮子货币 SDR 为基础。另外一种思路是，不破坏现有各国主权货币，在经常项目的支付跨越国境时用对方的货币来支付，用汇率机制进行转换来实现。由于有了互联网，可以获得及时的汇率信息，汇率机制转换具备了实时条件，至少也可以随手得到前一天的 FIX 汇率。另外，现在可以实现花多少换多少，不用像以前那样先换完汇再支付，多了还得再换回去，少了还得再换。再有，可以设定支付条件，满足反洗钱、反恐怖融资需要，防范赌博、毒品等支付活动，以及为未成年人设定支付数量限制。这些都可以通过互联网的相关技术来实现。这样的话，暂时不用破坏主权货币和对方国家的货币政策，也不用引起别国的过度担心。

建议可以先用后一种思路，每个国家都搞自己的数字货币，不让别国担心。如果有一些经济规模小的国家或经济体数字货币

① 周小川 2021 年 10 月 22 日在 2021 金融街论坛年会“愿景 2022——洞悉全球经济发展趋势”专场活动上的讲话：“关于数字货币发展路径的几点想法”；周小川 2021—2022 年关于数字货币的谈话。

开发的能力可能不够，也不愿意用美元，该怎么办？其实可以考虑将整个系统包给别人，这样也就有了自己的数字货币。其支付的目的主要是服务于经常项目的零售支付，包括工资类的小额汇款等，而不聚焦大宗贸易、金融市场交易等项目的支付。亚洲有关经济体央行之间建立的货币桥，实际上就是允许双方货币即时兑换的安排。如果说未来出现可接受的共同货币，不管是全球性的还是地区性的，地区性的可能性比较大，比如东盟像欧盟、西非、加勒比等区域一样推出共同货币，那么到时过渡到共同货币也不难。

但是，如果各用各的货币，中间有一个问题就是要有清算行。其实央行也可以利用互换做清算。清算行的这种角色也可以像香港指定花旗、汇丰、中银香港分别作为美元、欧元和人民币的清算行。不过，清算行也不可能实现实时清算，因为有时差。所以清算行必须承担时差带来的风险，随着业务量增大，万一在时差内出现汇率的巨大波动，也要承担一定风险。但是即便如此，银行都乐意接受这个安排。在提供汇率兑换服务的过程中，可能出现外汇头寸不平衡的情况，比如说中国指定的清算行在另一国提供货币汇兑服务，但货币互换的额度已用完，而且另一国的外汇市场上又没有足够人民币可以买，就是用当地货币买不到人民币，那么就需要用硬通货或者黄金来购买人民币。也就是说，小额度内可以随时兑换，累计差额大了还得想办法获得相关的货币，所以还得要有清算安排来实现。可以好好研究香港三种货币的清算行的思路，加以借鉴。总之，这种做法不会引起对美元化、货币主权和货币政策自主性的过多担忧。实现以后，下一步如果有机会还可以再升级。

另外，还有一种选择就是不通过汇率安排来实现跨境支付。就是说，有些国家虽然说不接受美元化，但是不反对在本国接受其他一些国家的货币用于旅游、购物等用途。如去澳大利亚的旅游者可以支付人民币。在法律不排斥的前提下，这都取决于商户，商户要是觉得愿意接受就接受。商户接受他国货币有两种处理方法。一种是它开立几种主要货币的账户。比如说澳大利亚的大商户开立了人民币账户、美元账户、欧元账户，还有泰铢账户，一般大城市的大商户可以这样做。它是否愿意隔夜存有外币，靠自行判断风险，如果认为汇率风险不大就会无所谓，如果认为承担不了风险，就会下班后把外币卖给银行，最后导致银行持有外币头寸。外汇头寸就需要有清算行提供最后的清算安排。中俄边贸曾有过这样的经历，俄罗斯方面的商户留着人民币，并不担心人民币汇率风险；而中国的多数商户一有卢布就换掉，当晚退回给俄罗斯的银行，或换成美元。如果说商户觉得持有卢布也没关系，就自己留着，全由商户自己决定。

数字货币和现行纸币的清算路径基本上是一码事，但是使用数字货币时，需要建立数字货币应用软件（App）的互联机制。也就是说，A 国的货币和 A 国的 App 与 B 国的货币和 B 国的 App 之间要有一个应用程序接口（API）。这样，在事先留好一个互联接口的情况下，A 国的客户到 B 国去，他通过 A 国的 App 连到 B 国的 App 上就可以用 B 国的 App 消费，在 B 国消费的时候给 B 国清算行 A 国的货币，最后就变成两国清算行之间的相互关系。两个数字货币 App 之间的连接也是一个必要的环节。当然，有的央行之间也可能通过货币互换安排直接提供数字货币的跨境清算服务。

值得一提的是，跨境汇款真正的难度往往不在技术系统方面，可能在于涉及兑换、汇入汇出管理以及兑换时的汇率风险等方面。国际上都关心反洗钱、反恐怖融资和毒品交易的情况，中国还要加上一个关切，就是赌博交易问题。因此，如果要搞跨境交易，以零售支付为基础，还要尊重各国的政策和法律规定，尊重各个国家货币主权、自身汇率制度和有关兑换及汇款规定。

43. 为什么说跨境跨币种支付必须充分考虑跨境清算？[①]

按照当前的说法，CBDC 有多种跨境模式。有人最近归纳为三种模式：第一种是依靠某一个强势货币，比如美元，这种 CBDC 或稳定币在其他国家也可以使用；第二种由若干商业银行通过终端产品的互连或转换，让用户可跨境使用，比如现在正在设计的多边 CBDC 货币桥的系统；第三种是各国可能各自搞各自的 CBDC，然后央行（或委托大银行）之间有一些支持跨境转换的安排，绕不开汇率和清算等环节。

其实各个国家的数字货币风险也不见得是央行的，但不管怎么说，各国如果都有自己的数字货币，那么数字货币之间的跨境会走什么样的模式，这是需要很深入的研究和讨论的。中国现阶段主要着重国内的零售支付。跨境支付的研究（特别是冬奥会来到，有一些外国人会到中国来，至少是运动员，那么也需要给他们提供便利），可能会出现什么样的情况呢？尽管第三种可能性是复杂的，但可行性还是比较大的。也就是说各个国家都有了自己的数字货币，还要利用汇率、外汇市场在机构之间进行清算，

---

① 周小川 2021 年 10 月 22 日在 2021 金融街论坛年会“愿景 2022——洞悉全球经济发展趋势”专场活动上的讲话：“关于数字货币发展路径的几点想法”；周小川 2021—2022 年谈话整理。

利用相关机构提供服务。

大家会争议有些发展中国家能力不够，不一定能够开发出自己的 CBDC。其实可以看到，如果你去非洲的话，会发现非洲有一些国家经济很落后，技术水平低，但是它的钞票非常漂亮，材质也很好，防伪也做得很好，为什么呢？其实印钞是可以委托的，也就是委托国际上几家很好的大公司代印钞票。当然代印钞票是一件有风险的事，如果委托的那个公司不牢靠的话，多印一点它自己拿出去花了怎么办，所以一般比较强大的国家不打算那么做，因为钞票印制既涉及材料问题，又有印刷技术问题，还有防伪问题，商业机构还要有验钞机。既然印钞都可以委托，那么实际上数字货币的整个系统也可以采取外购的形式，也就是定制或购买一个集成系统。集成系统里最主要的可能还是计算机系统、通信系统和软件。这样的话，欠缺此技术的国家拿去用，就可以自己在本国发行和使用数字货币了，这种可能性也是存在的。

在跨境使用的过程中，还要用到汇率，涉及如何获得实时的汇率数据。由于互联网的发达、信息传输和云计算的发达，现在在支付那一瞬间获得实时汇率已经并不难了。当然，大家也可以选择是不是用昨天的 FIX 汇率会更方便，这个误差应该说是不大的，但是就有可能涉及隔夜风险。

另外，在很多国家，包括中国，跨境支付是要区别资本项目和经常项目的。经常项目可兑换并自由使用，实际上相当于设立一组条件来判断是否符合经常项目。即便是经常项目，也必须符合反洗钱、反恐怖融资要求，不是搞赌博，不是搞毒品。同时，对个人客户可能还有限额管理，有每笔交易限额管理和年度累计限额管理。这些实际上都是支付条件，可以做成智能合约，在目前互联网和移动终端发达的情况下，实现起来都不难了。

这样的话，本地银行就会提供本地账户的服务，也就是说 A 国的人到 B 国花了一笔钱，B 国的商户所对应的银行就要给它的商户的账户里加一笔钱，A 国消费者账户里就要减一笔钱，所以两地银行仍旧需要做好账户服务。最终的交收还是要通过清算系统。央行可以做好这种清算的服务，特别是很多国家之间，央行间有互换协议，可以在这个基础上发挥清算的作用。同时也可以由商业银行来负责。再回到香港的例子，香港分别由汇丰银行做美元结算行，渣打银行做欧元结算行，中银香港做人民币结算行。结算行最后分别参加三个币种的清算系统。通过结算行来完成这个任务，也是可以的。在支付能够完成的情况下，这个清算就有可能并不是实时的，可能是略有滞后的，因为它保证安全，此外还有对账的机制。也不排除相对较大的国家的货币在邻近的国家或别的国家也被接受，在当地法律不排斥的情况下，商户和商业银行主动接受，它们不仅有本币账户还有外币账户，这是自愿的选择。在这种情况下，跨境使用主要变成一种技术安排，就是如何使大家的收付款器具相互之间能够通用，不同的支付钱包、不同的 App 相互之间能够转换。另外还有一个问题是，商户可以用多币种进行标价，或给外国人提供某种方便。

44. 为何许多央行都不情愿接受美元化？已出现的美元化基于什么条件和考虑？①

以美元为基准可能会导致世界上相当多的国家担忧美元化问题。美元化是不是一种选择？我们要意识到，它产生的条件是比较复杂的，这又会涉及经济、货币、金融等诸多复杂问题。我们说绝大多数国家都是不太情愿出现美元化的。当然，有一类国家是经济没搞成功出过问题的，比如说前几年我们看到津巴布韦出现恶性通货膨胀，再就是前一段时间大家看到的，萨尔瓦多接受比特币作为法定货币，其中一个原因是之前它已高度美元化了，本币的货币政策和通货膨胀没把控住。所以，有少数国家是因为没把握住货币政策和通货膨胀，不得不或者是已经愿意说美元化就美元化，美元化反正也比它自身货币调控的结果更好。但是，多数国家觉得美元化还是有问题的。

① 周小川 2020 年 9 月 23 日在 2020 中金数字经济论坛上的讲话："数字货币概念体系的形成与推进"；周小川 2020 年 12 月 13 日在 2020 中国（深圳）金融科技全球峰会上的讲话："IT 发展如何促进支付体系现代化和跨境支付便利化"；周小川 2020 年 11 月 27 日在北京大学"数字金融创新及其启示：中国及国际经验"研讨会上的发言："数字时代的中国支付体系现代化：DC/EP 与 e-CNY"；周小川 2022 年 1 月 14 日在"中美高端闭门对话会"上的发言："关注数字货币的研发与应用"。

再有一类是国际货币基金组织储备货币篮子里的国家和地区，就是美国、英国、欧元区、瑞士、日本、中国。除了美国之外，其他几个地方也怕美元化，包括欧央行反复提出，自己的货币是不是愿意扩大势力范围，实现更大程度的国际化？理论上说都是愿意的，但是实践上也不是那么容易，还有很多其他方面的考虑。我们回顾一下，不愿意出现美元化的主要原因有好几个，其中我要强调两点。一是宏观调控要有自主性，每个国家不一样，其宏观景气程度需要调节的方向可能和美联储面对的问题不一样，要是美元化，就在很大程度上丧失了调控的自主性。二是要救急的时候你找谁，要是美元化了，就要找美联储，但是它如果看不上你，或者根本就没打算帮助你，你就缺少应急措施。所以不愿意美元化有许多重要原因。

不过，强势货币在全球化过程中会侵蚀弱势货币，这是一个必然现象。小国货币特别是货币政策失误国的货币会被慢慢挤出。很多新兴市场和发展中国家担心美元化。大家可以看到很多美元化的例子，除了比较极端的美元化，如津巴布韦由于宏观调控失误，在出现超高通货膨胀之后出现比较全面的美元化；也有许多国家，如中亚一些国家，本国货币的综合使用占比相对不够高，按照存款的币种比例，或者货币使用的比例，出现比较局部的美元化。这些国家都会抱怨美元化带来很多的问题。

2019 年，脸书发布了加密货币项目 Libra，其后于 2020 年又改成 Diem，并强调 Diem 主要瞄准的是跨境汇款、跨境支付功能。那么，Libra 或 Diem 经过跨境汇款和跨境支付到了目的地国家后，是否要替代所在国的货币？如果替代的话，就会产生很多问题。这种发展方向是有一些误导性的，它会导致大家觉得数字货币是一种战略竞争，是去抢占“地盘”。我们可以试着把世界各国大致分为三类来考虑：

第一类是发达国家。这些国家的主权货币是美元、欧元、英镑、瑞士法郎、日元等，它们本身在跨境支付方面不存在太大问题，当然在高新科技出现后效率还可以进一步提高，而且在提高以后也还是要保持各自本币的地位，其兑换比率通过汇率来解决。这是个好的选择，也是从希腊债务危机中吸取的经验教训。

第二类是少数经济治理不佳的国家。国内通货膨胀高企，对本币信心丧失，金融服务和基础设施很差，这些国家一般宁愿选择美元化或者选择欧元、瑞士法郎等，甚至愿意选择比特币。

第三类是愿意维护和运用好本国货币，同时强调本国货币是主权货币的国家。绝大多数新兴市场国家都属于这类。它们不愿意搞美元化，有信心管理好本国通胀和维护对本币的信心，建设好本币支付系统等基础设施。这当中也有不少国家，有自己的主权货币，对本币的信心也不错，但为方便外国人特别是外国来访者、旅游者，本地商户和商业银行也愿意允许他们使用美元、欧元、英镑、瑞士法郎，有时候也有人民币。在这种情况下，可以通过技术上的安排来支持这种使用，但与主权货币相比，比重不会太大，不会出现大规模替代本币的现象。比如在中国的边境省份，我们也允许俄罗斯人使用卢布、越南人使用越南盾等，既方便客户，风险也有限，还有利可图。

因此，发展央行数字货币和稳定币要注意分析这几种场景，要尊重而不是去破坏一国本币的发展，这样才不会形成恶性竞争，造成“谁替代谁”“谁打败谁”的疑问。中国改革开放这些年来经历了各种阶段，各方面的体会比较多；而一部分美国人对于发展中国家的国情和有关顾虑了解得比较少，他们总是站在自己的角度去设想、去臆断，也就容易形成数字货币领域内“龟兔竞赛”的思维和描述。

不过，如果 Libra 之类冒出来且能够普及成功的话，有可能会大大加速美元化的过程。这对人民币也是一个挑战。目前中国还存在一定程度的外汇管制，要应对 Libra 的挑战，还是要加快资本项目可兑换，让人民币成为强势货币的一分子，并免受侵蚀与替代；随着人民币国际化的发展及逐渐扩大在 SDR 篮子中的比重，将涉及很重要的政策选择。

45. e-CNY是要替代美元的国际储备货币及支付货币的角色吗?[1]

外媒现在比较多的一种说法是，中国的DC/EP或者e-CNY不管怎么发展也替代不了美元在国际上的主导地位。我觉得这个说法本身命题就不太对，因为DC/EP的发展主要是立足于国内支付系统的现代化，跟上数字经济和互联网时代的步伐，提高效能，降低成本，特别是为零售支付系统服务，本来设计的目的和努力的方向就没有想取代美元的储备货币地位和国际支付货币的地位。

对一个主要大国而言，如果不是把自己的经济和金融体系搞砸了的话，其货币，不管是纸币还是数字货币，都必然在全球经济中占有一定的地位。就中国而言，人民币现在在全球储备货币、全球各类交易中所占的份额都只有2%多，但在IMF的份额是6.9%，所以人民币在储备货币中的比重适当提高一些也很正常。这种多元化没有什么不好的。当然，要做到这些，中国还需要进一步推进改革开放，包括资本项目可兑换。事实上中国正在逐步往前推，过程中间当然还是比较小心的。

---

① 周小川2021年5月22日在2021清华五道口全球金融论坛上的发言："数字货币和电子支付系统"；周小川2022年1月14日在"中美高端闭门对话会"上的发言："关注数字货币的研发与应用"。

就数字货币来看，至少中国的 e-CNY 设计是为了零售，为了百姓方便、商户方便，不是为了替代美元，所以既然不是按那个目标设计的，现在忽然给它派这方面的功能也不见得能撑得起来。当然我们不排除 e-CNY 未来可能有跨境支付的前景，但是我估计也是会注重跨境零售的应用，不是轻易地当作武器来使用的。我们支持支付系统和数字货币的发展，其实根本不是军备竞赛的性质，而是基于 IT 的持续发展。中美在这方面都是强项，因此在跨境支付方面可以互相促进，也可以寻找共同的解决出路和未来产品，不必要在这方面相互猜忌、防范。我们要防范的应是货币支付体系作为一种基础设施被滥用。对待这个问题要慎重考虑，不要随意夸张。

46. e-CNY是否为了推动人民币国际化？人民币国际化所需要的主要突破是什么？①

再有一种说法也是外媒说得比较多，就是把数字货币的研发和试点与人民币国际化密切挂起钩来，认为数字货币对人民币国际化帮助不大，或者说实现不了人民币国际化。数字人民币（e-CNY），是人民币（CNY/RMB）的一种形式，而不是另外一种产品。某种程度上可将其理解为人民币现金和人民币IC储值卡。理论上讲，数字人民币有助于发展跨境零售支付和经常账户支付，从而促进人民币国际化的进程，但人民币国际化并不是DC/EP项目的主要目标。在与不同国家和货币当局交流后，我们发现，其他市场是否接受人民币，包括数字人民币，这才是更重要的。而这在很大程度上取决于双边合作和政策协调，并不仅仅依赖技术本身。如果考虑将跨境支付扩大到资本账户的支付结算领域，政策协调、政策设计可能比技术本身更加重要。

人民币国际化是一个好的题目，中国作为世界第二大经济

① 周小川2021年5月22日在2021清华五道口全球金融论坛上的发言："数字货币和电子支付系统"；周小川2022年1月14日在"中美高端闭门对话会"上的发言："关注数字货币的研发与应用"。

体、世界第一大贸易国家，货币的地位应该提高，而且也确实有提高的潜力，但技术系统会对此有影响。所以这些年在技术方面也有很多开发、很多支持，譬如跨境人民币支付系统（CIPS）等。是否可以利用数字货币这类东西，上一个很大的台阶呢？我觉得不要太高估技术方面的因素，更多的是体制和政策上的因素，还是一个改革开放的选择，下一步作多大选择的问题。

首先，一个货币能否被广泛接受，可能取决于其背后的经济体量、贸易体量、对外开放程度，不是说能够强求国际上的用户作出什么选择，用户都是有自主选择权的。所以这种运筹的广泛性，不仅是一个技术特性。一个主要的内容就是货币可自由使用程度。2016 年 IMF 把人民币纳入了 SDR，其中一个因素就是人民币可自由使用的程度已经有了很大的提高，但它是一个连续过程，还有很大继续提高的余地。但是不管怎么可自由使用，还是要注意有反洗钱的功能，还要防止避税天堂，防止逃税，防止毒品交易等。

其次，一个货币抗冲击的能力。大家都知道，全球各个国家在各种不同阶段，隔一段时间都会有金融危机。现在大家都知道 2008 年这场国际金融危机。但实际上真正看起来，各个国家，都是十多年、几十年之间就会发生金融危机，因此抗冲击能力也是很重要的。因此，我们想它还是一个制度因素，中国在未来改革开放的力度可能还会进一步加大，还会作出更鲜明的选择。而这种选择也取决于发展的路径，改革开放的路径，取决于观点的平衡。其实可以把各种观点做成动态分布，就像货币的隐私和反洗钱之间的平衡一样。有的人会认为人民币可自由使用、可兑换是非常好的事，可以尽快推进；也有的人认为这是件非常糟糕的事，风险很大，尽量不要去做。可能最后是个正态分布，中间的观点比较多，而且它是随着改革开放在不断平移，所以我们说开放进程中的变化可能和人民币国际化有更多的联系，技术方面的因素是基础，是相对比较好做的。包括金融系统在做 CIPS 的时候，像中国银行这些过去就在跨国支付中起很大的作用的银行，对它们而言，政策制度明确，利用现有的技术开发一套系统，并不是什么太难推进的事。当然我们也不能低估这种努力。

同时，我一直强调人民币国际化。从中央银行的角度，发行的货币是央行的负债，很多人认为是央行的资产。我还记得在很重要的国际会议的饭桌上，就有非常大腕的嘉宾评论人民币国际化：将来你们在全球可以发人民币，你是有很大的资产的。我说这个你可没说对，从资产负债表的角度看发行货币是央行的负债，要使负债部分是可兑现的、有购买力的和稳定的。而且，货币要达到某项功能的时候，是央行要给人家提供这种方便和保证。所以，从这个角度看发行货币是一种负债，也就是说不要把人民币国际化过多地看为好像可以凭空创造出资产，而是要更多地考虑要作出的承诺、承担的义务，要从资产负债表的角度加以考虑。

因此，支付系统现代化、DC/EP 和 e-CNY 会首先在跨境零售使用，包括旅行者商务访问，也包括现在比较时兴的零售网购等方面的使用上提升体验，同时对人民币会有好处。我们从更广泛的角度来看，批发金融交易、贸易和汇款等各个方面要实现人民币国际化，还需要在政策体制方面不断向前迈进。未来在这些方面能够取得进展，才是人民币国际化取得实质性进展的重大步伐。

同时我也在不同场合强调过，这是一个相对而言的事情，国际上几种主要货币之间确实是有一个各占多少的份额，反正不能超过百分之百，我多了你就少，除了你自己做得好坏，也取决于别人做得好坏。

数字人民币是以国内用户为主，主要用于零售支付。在跨境问题上，它设想的情景是各个国家包括周边邻国，利用信息科技新技术的支持，都可以发行自己的央行数字货币（CBDC），相互之间主要还是通过汇率转换为当地货币以方便使用。同时，中国方面也愿意接受邻国货币，比如旅游者少量经常项目的使用。因为不涉及大额的金融交易，只涉及零售，所以也不会出太大问题。如果对方国家愿意接受人民币或者愿意接受其他货币，也没有什么不可以。部分经济体量较小的国家可能会说，我自己发展本国数字货币的技术能力还不够。现在也有一些系统供应商愿意考虑为一些技术能力不够的国家提供系统性支持，也就是向这些国家出售或者提供开发好的整个数字货币应用系统。

至于有人提出，数字人民币可能涉及对美元的挑战，似乎想指责人民币希望取代美元，我的观察是，数字人民币发展计划并没有想抢占美元地位，美元的全球地位面临的挑战可能来自美国自身的政策。

47. 人民币化与人民币国际化是否含义不同？[①]

跨境支付开展工作需要尽量避免动不动就取代别人的货币主权，导致别国的货币政策、外汇政策失效。要考虑到各国宏观调控的实际需要，也照顾到人家对美元化的担心。以东亚地区的中日韩和东盟 10 国为例，这些国家发展水平非常不一样，各国宏观管理水平、外债水平也不一样，在很大程度上债务水平再加上国际收支平衡的原因会影响这个国家在外汇体制方面的选择。

由此推论，其实一些国家对于人民币化也是有担心的。我们所说的人民币国际化是指人民币可在国际业务中自由使用，即你要愿意使用人民币的话，可以在贸易、投资等国际支付方面使用，但没有像 Libra 那样似乎想去取代别国货币在其国内各个方面的应用。因此，人民币国际化与人民币化是有区别的，有些国家实际上对人民币化是有担忧的，所以不必去强制。如果在零售交易的瞬间实现兑换，并实现兑换条件的审核，既避免了上述担心和抵制，又给互联互通带来新的操作可能性。

现在技术可以使许多技术问题在支付瞬间得以解决，在很大

---

① 周小川 2020 年 12 月 13 日在 2020 中国（深圳）金融科技全球峰会上的讲话：“IT 发展如何促进支付体系现代化和跨境支付便利化”。

程度上可以便捷实现，这与以前的技术处理办法很不一样，比如在支付环节不管用不用区块链都可能有智能合约，或者嵌入支付条件。在此情况下，中国和其他东亚国家，特别是东盟，可以稳步向前推进跨境支付。由于各国条件差异比较大，政策法规环境差异也比较大，发展水平也不同，这就需要各国以国内零售支付系统的坚实发展为基础。之后，先考虑重点解决跨境旅游等经常项目支付，并尊重有些国家防止美元化的需要。当然，在此过程中可能会伴随人民币国际化，但不应强推，更要避免被说成是人民币化。央行还是要把精力放在跨境支付清算环节的合作上。

48. 能否推出以 SDR 为参照系的数字货币？[①]

未来全球货币的发展方向究竟是什么？是否能推出以 SDR 为参照系的数字货币？我觉得，现在也不见得能够看得准。如果说将来可能真有一种世界货币，可能会是 SDR 或者 SDR 的变种。即便假设大国货币，比如美元，真的全球都适用了，零售支付系统及跨境交易的基础工作也是必要的支撑，技术上反倒可以更加简化了。我觉得技术的适应能力应该是不成问题的，基础打好就具有相当程度的迭代灵活性，可以及时调整，适合未来全球金融格局的变化需要。

各国都真诚地希望 IMF 在引领发展、全球化和应对全球金融危机方面发挥更大作用，也希望 SDR 能够发挥更广泛的作用。但从迄今为止的表现来看，SDR 的使用范围仍然十分有限。我们担心新的数字货币、稳定币或其他加密货币可能会对 SDR 产生影响，并与其竞争成为国际货币，这种情况不应该发生。如前所述，数字货币的发展带来了很多挑战，比如安全性、稳定性、货币替代，以及各国维持货币政策独立性和传统功能的能力等。在

① 周小川 2020 年 12 月 13 日在 2020 中国（深圳）金融科技全球峰会上的讲话：“IT 发展如何促进支付体系现代化和跨境支付便利化”。

此背景下，需要思考如何让 SDR 发挥更大的作用，使它成为潜在的全球储备货币。

应扩大 SDR 的使用范围。数字加密货币可以用于零售支付、资本账户支付和各国间的侨汇。但 SDR 的问题在于：第一，SDR 只是一个符号，不具备实际使用意义，市场参与者可能会因此而试图越过 SDR。第二，SDR 和不同国家货币之间没有形成市场化的汇率机制，当各国出于跨境支付和储备外汇等需求兑换 SDR 时，因为缺乏相应的汇率和外汇市场，不得不借助中间货币进行。第三，许多国际统计数据，包括金融市场统计数据，仍主要以美元计价，比如各国 GDP、产量和消费等数据，这方面我们应该考虑使用 SDR。如果 SDR 可以扩大使用范围，涵盖更多的领域，就更有希望成为潜在的国际货币发挥更多职能，而不仅仅局限于成为一种储备货币。希望 IMF 可以在扩大 SDR 使用范围方面展开更多的工作，以应对私人数字货币、加密货币带来的挑战。

IMF 发表的一篇关于 eMoney 的文章，提出未来的 eMoney 具有以下几种特点，包括考虑以 SDR 作为备付①：

——接受了稳定币的概念。IMF 提出的 eMoney 采用了稳定币的做法。人民银行向 IMF 介绍了香港的发钞制度。香港不是金融管理局发钞，而是有三个发钞行。过去是两个：汇丰和渣打，香港回归后加上了中银香港，实行 100% 的发钞准备制度。将来无论是数字货币还是电子货币，发钞行不见得一定是央行。央行数字货币是一种出路，但如果技术没看准，失误的损失会很大。未尝不可以像香港一样，有三家发钞行，每家发钞行每发行 7.8

① Tobias Adrian, Tommaso Mancini-Griffoli. The Rise of Digital Money [D]. IMF Fintech Notes, July 2019.

港元，就必须有1美元的全额准备，获一份备付证明书，其实这就是稳定币的概念。

——支持开放技术。eMoney支付系统概念强调，不拘泥于一定是DLT，也可以采用以账户为基础的技术。前面介绍的中国现行的以账户为基础的这些业务系统成本已降至很低，而且这些系统运行也都还算可靠。所以，是否一定要去中心化？是否一定要脱离以账户为基础的技术而选择非账户系统的技术？IMF这篇文章认为不必要过早下结论。

——可以考虑以SDR为备付。为了能够支持跨境交易，eMoney考虑应该盯住SDR，从而出现eSDR或dSDR。这意味着IMF对SDR及成员汇率应进行必要管理的设计思路。

中国十分重视全球化和多边主义，积极支持国际组织在财政、货币等领域更好地发挥政策协调作用，并全力支持国际组织通过机构改革完善其主要职能，以满足全球化进一步发展的需求，并更好地应对技术发展带来的挑战。

此外，我们看到私营部门利用金融市场和支付工具的革新进行违法活动，这方面存在诸多不确定性。这不仅会给各国当局带来很多麻烦，也会给IMF等国际机构带来新的挑战。

49. 跨境支付三原则的背景和含义是什么？①

传统跨境支付存在成本高、效率低、透明度低和覆盖不足等挑战。而这些挑战主要因为支付链条冗长，监管合规等成本高，同时可追溯性低，不仅给交易主体带来不便，也给各监管方出了难题。各司法管辖区在资本项目管理，以及反洗钱、反恐怖融资等方面的监管框架呈现差异化，一定程度上增加了摩擦。近年来数字经济的兴起又引起了监管机构在跨境数据传输和隐私保护等方面的担忧，这些因素无一不加剧了跨境合规协调的负担。新冠肺炎疫情的蔓延也进一步加剧了跨境支付领域的风险和挑战。

在这样的背景下，从 2019 年起，二十国集团就将增强和改善跨境支付体系作为各轮值主席国轮值期间的重要任务，并要求金融稳定理事会协调支付与市场基础设施委员会（CPMI）等国际组织制定完善跨境支付体系的路线图，涉及五大类 19 项任务，要求 2027 年前达成相应的目标。随着相关工作任务的推进，越来越多的观点提出，央行数字货币是解决跨境支付难题更为有效的举措。BIS 2021 年第一季度对 50 家央行的调查结果显示，超过一半的央行认为提升跨境支付效率是研发央行数字货币的主要动机。

① 周小川 2022 年与人民银行数字货币研究所的几次谈话与讨论。

BIS 在 2021 年年中发布的《央行数字货币与跨境支付》研究报告也指出，央行数字货币可通过缩短交易链、创新技术平台、统一数据标准以及实现即时结算等途径，有效缓解跨境支付摩擦，因此在设计央行数字货币时考虑其跨境使用具有重要意义。

人民银行积极响应了二十国集团、BIS 等组织的倡议，探索央行数字货币在跨境领域的适用性。但是，央行数字货币毕竟是新生事物，且自带“跨境基因”，一定程度上会引起各国对于货币主权、货币政策乃至隐私安全等方面的顾虑，因此央行应该采用适当的治理安排来平衡央行数字货币的通用性和自主性，制定相关标准和原则，稳妥推进各国央行数字货币之间的互联互通。人民银行在一开始便提出了“无损”“合规”“互通”三项原则，作为开展跨境试点项目的前提条件。

一是无损原则。央行数字货币应促进国际货币体系健康发展和金融稳定，一国数字货币不应损害其他央行的货币主权和货币政策独立性。同时，应保护消费者合法权益，促进公平竞争。

数字人民币坚持 M0 定位，不计付利息，在货币需求一侧不与银行存款竞争；数字人民币采用双层运营模式，且由商业银行向公众提供可用、方便、稳定的支持和保障，在货币供给一侧，保证数字人民币对货币体系影响中性。在跨境交易中，通过将本国央行数字货币通过特定的汇率机制转换为其他币种，将降低货币替代等金融风险及对宏观经济调控能力的负面影响。此外，数字人民币充分尊重消费者的合法权益，保护其个人隐私安全，以建立互利共赢的消费者关系。

二是合规原则。基于央行数字货币的跨境基础设施应强调跨境监管协同，推进跨境监管互认，增进各方互信，进而降低总体合规成本。应具有完善的法律基础和稳健的运营体系，符合各司法管辖区关于外汇管理、国际收支申报、支付与金融以及反洗钱、反恐怖融资等监管要求，做到信息流和资金流的匹配，合规开展跨境支付业务，支持实体经济发展。

简单讲，央行数字货币的跨境使用应符合相应司法管辖区的法律和制度要求。人民银行已提出，在未与其他央行建立 CBDC 跨境支付合作框架的前提下，不会在该司法管辖区推出数字人民币相关产品和服务。

三是互通原则。央行数字货币可充分利用现有基础设施及金融科技手段，实现不同央行数字货币系统间及其与传统金融市场基础设施间的互联互通，同时，应有利于促进支付业务有序发展，杜绝碎片化局面。

央行数字货币体系的互通不应该局限于自身，还要打通和传统支付体系间的联通，产生协同效应，实现“1 + 1 > 2”。同时，也要强调汇率机制和货币兑换的重要性，通过建立受监督和可扩展的外汇交易平台，实现央行数字货币间的兑换，降低大家对货币替代效应、跨境资金非法流动风险以及隐私保护等问题的担忧。

目前，“无损”“合规”“互通”三原则已经得到了很多国家和国际组织的认可。BIS（香港）创新中心已将其作为货币桥项目的指导原则。BIS 还就央行数字货币的发行及流通制定了“无损”、“共存”以及“创新高效”的指导原则，以探索央行数字货币跨境应用与合作。

50. 多边央行数字货币桥项目有什么特色？[①]

——多边央行数字货币桥项目是在怎样的背景下达成的？人民银行积极响应二十国集团（G20）等国际组织关于改善跨境支付的倡议，研究央行数字货币在跨境领域的适用性，以解决跨境支付领域现存的费用高、效率低、透明度差的问题。2021 年初，在 BIS 的合作框架下，人民银行数字货币研究所同香港金管局、泰国央行以及阿联酋央行一道，共同启动多边央行数字货币桥项目（以下简称货币桥项目），探索建立基于法定数字货币的跨境支付多边合作机制和新型跨境支付基础设施与安排，其目的不仅是改善跨境支付的可行路径和普遍共识，也是顺应国际发展趋势、积极参与法定数字货币标准制定的具体举措。

——货币桥项目作为创新金融科技研究项目，在利用数字技术提高便利性的同时，创新采用“分层管理、权责对等”的治理思路，充分尊重各国央行货币主权和货币政策，既保护各方合法权益又促进公平竞争，顺应无损原则。人民银行数字货币研究所、香港金管局、阿联酋央行、泰国央行及国际清算银行（香港）创新中心作为五个创始成员，拥有对货币桥项目的决策权和

① 周小川 2022 年与人民银行数字货币研究所的几次谈话与讨论。

投票权，结合本国和本地区货币政策、监管要求、业务需要和技术路线等共同主导平台设计，制定标准和政策，负责项目研发，并推进测试及试点工作。对于本国或本地区商业银行及其他金融机构参与货币桥业务，各国央行和货币当局拥有灵活的业务权限、交易币种及限额等多维度管控功能，依据本国或本地区特殊管理需要个性化设置，提升监管规则适配度。

——货币桥作为多币种跨境支付基础设施，创新引入模块化设计方案（Lego-Bricks Approach），更加灵活和柔性地适应各国家和地区的监管要求与业务需要，顺应合规原则。模块化设计方案即通过将支付、外汇、资本管理、反洗钱与反恐怖融资等功能模块化，使不同司法管辖区的参与方能够根据自身需求，灵活组合所需模块。此外，智能合约等技术的搭载有助于提升系统的兼容性。与信息割裂的“烟囱式架构”（Silo Architecture）相比，模块化方案的优势在于允许模块之间的互动和协同，大幅度降低合规及监管成本，提升多国（地区）间业务治理、监管和政策体系的灵活度和适应能力。在业务设计上，货币桥采用分层参与安排，各司法管辖区货币当局作为监管层，负责制定其管辖区内货币桥参与者的准入和参与要求、向参与者提供本地货币与央行数字货币的兑换、开展流动性管理和合规管理。商业银行、支付服务提供商等参与者作为机构层，参与货币桥业务运行，在确保交易合规要求的前提下，使用央行数字货币完成跨境支付，通过外汇兑换完成头寸平盘和必要的失衡管控。在技术设计上，货币桥依托底层区块链技术并加载智能合约，在保护各司法管辖区参与机构交易数据隐私的前提下，实现数据向监管机构共享。具体来说，货币当局作为区块链共识节点，对货币桥所有交易进行验证和共识，实现对交易的可监管性；参与者作为区块链同步节点，根据实需发起货币桥交易并对交易结果进行存证。

——货币桥利用金融科技手段，充分复用各司法管辖区现有基础设施，实现不同央行数字货币系统和传统支付系统间的互联互通，顺应互通原则。央行数字货币应用于跨境场景需要考虑各司法管辖区不同监管要求和技术标准异构性，货币桥在业务设计之初就建立了基础设施对接模块，可兼容多种对接模式，包括跨境收付双方均有各自的 CBDC 系统，其中一方尚未建成 CBDC 系统，其中一方愿接受对方 CBDC 直接支付，等等。具体来说，货币桥可以与央行数字货币系统对接，满足已发行央行数字货币的司法管辖区参与者灵活将持有的央行数字货币转移到货币桥的需求；又可以与央行支付系统对接，支持尚未发行央行数字货币的司法管辖区货币当局在不改变现有支付安排的情况下在货币桥上发行央行数字货币。通过对接模块，还可以增加货币桥的可扩展性。一方面，降低货币桥参与机构接入成本、提升接入的灵活性。在满足合规要求前提下，更多参与者可通过现有基础设施一点接入货币桥，提升跨境支付可覆盖的范围，充分践行央行数字货币普惠理念。另一方面，可缩短跨境支付链条、提升交易透明度。通过基础设施直接对接，能够实现跨境支付指令的直接穿透，有利于解决传统代理行模式下层层代理和透明度低的难题。

——货币桥项目在技术实现上有哪些选择？货币桥平台在功能调用、交易执行、智能合约、隐私保护、同步交收等领域进行了一些新的尝试，在稳定性、安全性和易用性方面也作了一些优化。货币桥底层技术平台是基于区块链搭建的，区块链的节点具有平等维护同一个账本的权利，实现了监管层间和机构层间身份对等、权利对等、责任对等，这就有利于货币桥不出现单点风险，也难以被某一国家或地区垄断。通常，人们认为由于采用了分布式账本和共识机制，区块链性能具有局限性，且由于所有交易明细内容都在链上公开，会存在隐私泄露风险。货币桥的底层自研链提升了区块链性能和可扩展性，可实现真实场景中每秒上万笔的交易处理效能，基本可满足跨境支付的需求。此外，数字货币研究所设计的隐私算法可根据相关央行或货币当局的需要实现交易细节的定向披露，有利于保障数据隐私。

——货币桥项目取得了哪些阶段性成果，未来探索方向如何？货币桥项目已就业务架构、技术架构、治理安排、政策研究等问题进行深入的研究和讨论，形成两篇公开报告，并于2021年香港金融科技周期间以视频方式亮相，设计并展示国际贸易结算、跨境电商、供应链金融等15个货币桥潜在应用场景。目前，货币桥项目正在稳步推进与相关央行及货币当局联合商业银行和客户，基于真实交易场景开展测试和验证。经过前期的研究实践，已通过技术测试检验了货币桥在国际贸易结算场景下进行跨境支付交易的可行性，证明了在点对点支付、隐私保护机制等创新功能的支持下，货币桥可有效提升跨境支付效率、降低支付成本、提升交易透明度。接下来，可以继续探索流动性节约机制、货币互换等功能的实现方式，进一步降低跨境支付成本；丰富外汇互换交易方式，为货币桥注入低成本流动性的同时，降低外汇敞口风险，在提高市场交易效率和外汇流动性的同时，确保汇率稳定公允；通过完善桥上银行代理接入和点对点寻址支付等多种解决方案，可以为不满足直接在桥上拥有节点的机构提供更优的支付体验。